ユングが教えてくれた
リーダーシップと人格の高め方

すべての管理職とリーダーのための
タイプ論と無意識の世界

八木優市朗 *Yuichiro Yagi*

はじめに

要求されるスキルの高さという観点から言えば、管理職やリーダーという仕事はかなりレベルの高い役割の一つと言えます。管理職やリーダーに必要な能力の開発のためには、ある程度まとまった体系立てた学習がなされる必要があります。その理由は、リーダーシップやマネジメント・スキルというものは、各個人が自らの職務経験だけを通じて自然に獲得できるものではないからです。にもかかわらず、管理職やリーダーという役割を特別な学習や成長を必要とすることなく、通常の職務の延長として担当できると考えている人や組織は多いのです。強い権限と専門知識上の優越性だけで管理職やリーダーとしての業務を担当している人は珍しくありません。もったいないことです。というのは、リーダーシップやマネジメントを体系的に学習するだけで、管理職やリーダーの言動や意思決定の質に変化が起こり、部下や構成員の職務遂行力と組織の効率が確実に高まるからです。また、マネジメントあるいはリーダーシップの基本的機能を学習するのはそれほど時間がかかるものではないからです。

その一方で、管理職やリーダーの能力を高めることがとりわけ難しい分野が存在します。

それは、リーダーシップの分野の基本特性や基本能力の獲得にかかわる部分です。自己認識を高め、自分の態度や言動の中の未熟な部分を修正し、自己を適切な方向に向上させた結果得られる要素の習得です。それは、何らかの形で管理職あるいはリーダーとして求められる機能と特性を理解した上で、自分自身と他者に謙虚に内省的に関わり合っていく中で築き上げられていくもので、単に知識やオペレーション上の経験の獲得だけで身に着けられるものではありません。これらは、通常、経験を通じた気づきを通して、あるいは、成熟した先輩や上司からの適切で適度なインプットを受けながら、非体系的ではあるものの主体的に築き上げられていくものです。人材開発のテーマとしては、最も難しい範疇にあるものなのです。そして、この最も難しい課題を効率的に実現しようとする試みが本書でなされています。

この本は、管理職や様々なタイプのリーダーに必要な能力開発を、カール・ユング（Carl Gustav Jung 1875–1961）の心理学を通じて支援するために書かれました。ユングは『タイプ論』という有名な類型論を執筆しましたが、これは単なる類型論ではなく、人間の成熟のための道筋を示す自己実現の理論なのです。本書では、管理職の方々や様々な分野でリーダーとして仕事をしている方々向けに、マネジメントの現場に光を当てながら、自己実現の道筋を示していきます。

本書は、マネジメント・コンサルタントによって書かれたユング心理学の本と言ってもよいものです。ユングに関する本は、心理学やカウンセリングの強いバックグラウンドを持つ諸先生方によって書かれたものが大部分だった中で、一味違った位置づけにある本と言えましょう。筆者の主なバックグラウンドはマネジメントであるため、ここでは、あくまでマネジメント・コンサルタントの立場で、マネジメントやリーダーシップに関係する能力や言動を、ユングの考え方を通じて紹介していきます。皆様にユングを通じて、ご自身を理解し、管理職、あるいはリーダーとして、必要な能力の獲得に主体的にかかわっていく効率的な機会を持っていただくことを目指して書き進めるつもりです。

私は今まで、一般会社の人事系社員の一人として、そしてコンサルティング会社におけるコンサルタントの立場で、様々な管理職に出会ってきました。コンサルタントや人事の立場で、一対一で話をしてみると、多くの管理職の方々がマネジメント能力やリーダーシップについて悩みを抱えながら仕事をしていることがわかります。何かが足りないと思いながら、何が足りないのかがわからない。自分はうまくやっていると思う一方で、内心不安がある。多少の不安を持ちながら、聞く耳も持たず、ただ我武者羅に自分のやり方で進めている……。このように、何らかの形で自分の仕事の進め方や能力について不安を持っている管理職の方々が多かったと思います。

この本は、今までの能力開発のアプローチに付加するものとして、管理職やリーダーとして仕事をしている方々や、そのための準備をしている方々が自律的な能力開発を実現することを支援するために書かれました。たった一人で取り組める能力開発です。ここでは、人間と人間の能力について認識を深め、一つの視座を獲得しながら、ご自身の能力や言動を振り返る機会を提供します。読者の皆さんがユングの人間の能力に関する洞察を理解しながら、主体的に自分自身を見つめる機会を得られるように書き進めていきます。ここで得られるユングの洞察は、皆さんの一生の財産になることをお約束します。そして、読み進める中で、ご自身の能力開発のターゲットを必ず発見できるはずです。この本の中では、あなたがアセスメントの主役です。向上のための目標設定は、あなた自身が進めていくことになります。管理職やリーダーとしてのあなたの能力開発は、組織全体に大きな影響をもたらすことでしょう。あなたの前向きな能力開発に対する努力を通じて、あなた自身、部下の方々、組織、そしてご家庭へとポジティブな影響を拡大することができることをお約束します。

私とユングとの出会いは、二十五年以上前にアメリカで経営管理学を勉強していた際、初めて彼の『タイプ論』を知った時に遡ります。私個人は決して能力を理想的に開花させた人間ではありませんが、ユングの学習期間を通じて、自分が明らかにいくつかの面で成長をとげたことを実感しています。そこから獲得できた能力に関する要素は、もし私がユングに出会わなければ、未開発のまま放置されていたものです。読者の皆様に、私の経験よりはるかに効率的に自己開発の経験を持っていただけることを真に願いながら書き進めていこうと思います。さあ、自己探求と向上のための旅を始めましょう。

目次

はじめに …… i

第一章　無意識の世界 …… 1

自分に見えていない自分 …… 1
ユングの見つめた無意識の世界 …… 5
無意識の中に息づくコンプレックス …… 8
誰もが持つ集合的無意識の要素 …… 16
管理職がかぶりがちになるペルソナ …… 20
マンダラと四者構成理論 …… 24
無意識と心理的機能 …… 28
ユングが目指した全体性と自律性 …… 31

第二章　外向性と内向性 ……35

外向性と内向性の理解 ……35
固定認識を分離することの重要性 ……42
外向性と内向性の活動性 ……43
外向性と内向性を調整するということ ……45
コミュニケーションについての課題 ……50
外向性であり内向性でもあるということ ……55
内向性の反応的行動と経過時間 ……58
外向性の反射的行動とその課題 ……59
外向性と内向性の欠点をカバーする事前準備 ……60
人材を活かす会議の進め方 ……62
外向性も内向性も持つ誠実性の危機 ……64
自由特性論 ……65
外向性・内向性が経験する補償作用 ……68
補償作用が生み出すネガティブな行動 ……69
外向性が経験する補償作用 ……71

内向性が経験する補償作用 …… 72
ハラスメントのメカニズム …… 74
外向性が生み出すハラスメント言動 …… 76
内向性が生み出すハラスメント言動 …… 78
無意識のメカニズムとしてのハラスメント …… 81
第三章　四者構成の心理的機能モデル …… 87
四者構成モデル …… 87
主要機能と補助機能について …… 89
各心理的機能と意識・無意識の関係について …… 91
補償作用と機能暴走がもたらす問題行動 …… 95
子育てと心理的機能の向上 …… 97
第四章　認知的機能について …… 99
センセーション機能とインチュイッション機能 …… 99
感覚器官による認知と直感による認知 …… 100

センサーとインチュイターの意思決定……106
対象を認知しただけで納得するということ……110
洗練された感覚と真実を見通す直観力……112
自信の暴走と直感の暴走……114
観察力と洞察力、二つの重要な力……116
過去を見つめる心と未来を見つめる心……120
センサーへのマネジメント・フィードバック……122
インチュイターへのマネジメント・フィードバック……132

第五章　判断的機能について……145
シンキング機能とフィーリング機能……145
フィーリングと情動……149
シンカーとフィーラーの意思決定……151
ビジネス法人とフィーリング機能……157
フィーリング機能を軸としたオペレーション……160
論理性と合理性……163

感情移入 …… 165
感情移入とリーダーシップ …… 168
シンカーとフィーラーの意思決定を促進する方法 …… 171
シンカーへのマネジメント・フィードバック …… 173
フィーラーへのマネジメント・フィードバック …… 185
主要機能と補助機能の決定 …… 197

第六章　個性化と個性化の過程 …… 203

個性化とは …… 203
全体性の実現としての個性化 …… 204
自律性の実現としての個性化 …… 208
個性化の過程 …… 210
合一の追求 …… 213
個性化の三段階の探求 …… 222
機能の協働と機能の合一 …… 224
意識と無意識の統合 …… 232

元型への働きかけを通じた合一形成 …… 239
メタ化の推進による合一形成 …… 247
心理的機能の成熟 …… 249
心理的機能の補償作用 …… 253
ユング理論で見た日本人の特性 …… 255

第七章　徳性の向上と能力開発 …… 263
カントの善意思とユングのタイプ論 …… 263
タイプ論の中の徳性 …… 267
能力のアセスメントとタイプ論 …… 271
他者の能力アセスメントとタイプ論 …… 273
能力開発の目標設定 …… 275

あとがき …… 285
文献 …… 289
著者プロフィール …… 295

第一章　無意識の世界

自分に見えていない自分

　私たちは他者の問題点は良く見えるが、自分の問題点に全く気が付かない経験を持つことがあります。奥様や旦那様に言われて初めて実感した問題行動、あるいは親しい友人やお子様に指摘されて初めて気が付いた問題点をお持ちではありませんか？　これにかかわることについて、一九五〇年にアメリカの二人の研究者が自己認知と他者認知にかかわる優れたモデルを発表しました。サンフランシスコ州立大学の心理学者ジョセフ・ルフト（Joseph Luft）とハリー・インガム（Harrington Ingham）の二人によって作られたモデルは、二人の名前の一部を結び付けて「ジョハリの窓」(Johari window）と呼ばれています。しばしばトレーニングなどでも利用される有名なモデルです。

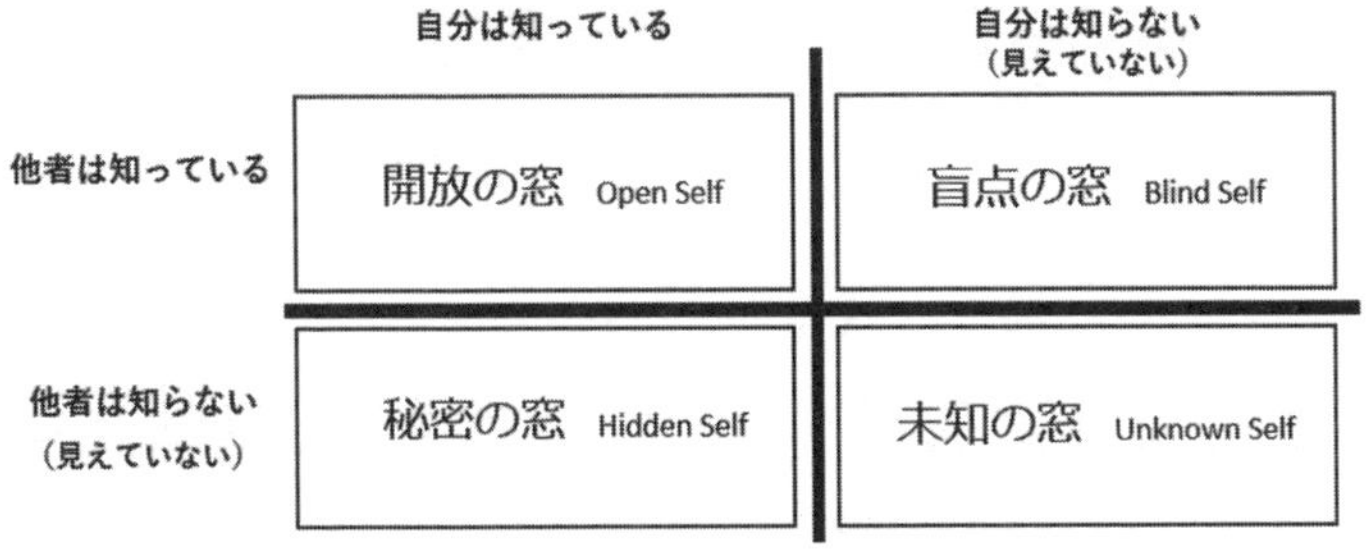

図1. ジョハリの窓

自分の持っている要素について「他者からの認知」と「自分での認知」によって、四分類したモデルです。このモデルは、他者も自分も認知している要素、自分は認知しながら他者には隠されている要素、他者にも自分にも認知されていない要素、そして、他者には認知されながら、自分は全く認知していない要素によって構成されています。これは図1に示されています。多くの場合、コミュニケーションを向上させるために、自分にも他者にも認知されている「開放の窓」を広げることの意義を考えさせるために使われています。このモデルで最も興味深いのは、他者から丸見えであるにもかかわらず、自分自身で全く気が付いていない要素が存在していることを看破していることです。図1で、「盲点の窓」として示されている部分です。この範疇に入るちょっと変わった例を紹介しますと、香水をつけ過ぎた人のケースが挙げられます。臭覚はすぐに疲労してしまうため、不必要な重ね塗りをすることがあります。他者には重ね塗りから生まれる異様な匂いを感じ取られてしまいますが、本人にはその異様な匂いは感じ取れません。

一般的な言動の問題では、かなりネガティブな、未熟な要素がこの範疇に入ることが多いと言えます。例えば、本人は気が付かないが、しばしば他者を傷つける言動をしていることなどはその例と言えます。このようなことが起こる理由として、「自己を正当化したいために、自然にそのような要素が生まれてくる」と説明されることがあります。しかし、この説明には説得力がありません。

もし無意識の世界を探求していたユングがこのジョハリの窓のモデルを見たら彼は何と言ったでしょうか？　ユングを学習したことのある人ならすぐに思い浮かぶはずです。ユングは、「気が付かないのは、その要素が意識でなく、無意識の世界に沈みこんでいる要素だからです」と説明した可能性があります。不思議なもので、私たちは、数多くの無意識に根差した言動を持っていて、それらに気が付かないことがあるのです。同様に、私たちのまわりに、同じ問題を繰り返して生み出している人を発見できます。私たちはたいていそのような要素を幾つか持っています。組織の中で良く生じる例としては、すべきことを先延ばししてしまう人、ハラスメント的な言動を繰り返してしまう人、遠慮がちな態度が出すぎる人、いつもレポート提出が遅れる人、細かいミスを連発する人、ちょっとした一工夫が足りない人、主体的な探求が不十分な人、相手の立場を無視してしまう人など、いろいろな例があります。問題を起こした後、指摘される機会があっても、そのようなネガティブな言動は繰り返されます。どうして、そのようなことが生じるのでしょう。これもユングに説明を求めれば、ユングは、「そのような言動が繰り返されるのは、その問題行動に関係する心理的機能（能力）が意識下でなく、無意識の世界で未分化のままとなっていて、それが未熟な言動を生み出しているから」と説明した可能性があります。

私がある会社で人事を担当していた時、兄弟会社で繰り返し部下と問題を起こし、次々と部下から辞表を受け取っていた管理職がいました。そのたびにその人は指導を受けるわけですが、同じ問題は繰り返されます。これなども、本人には、何が起こっているのかを自覚できなかった典型的な例と言えます。ちなみに、一人の社員を失うということは大変な損失を組織に与えます。エージェントを通じて採用した場合などは、その人の給与の何か月分もの謝礼を払っていますし、入社時のトレーニング時にかけた費用と十分に責任を果たせない最初の数か月の給与などを含めると、かなりの厚さの札束になります。さらに失った人間が優秀な人材だった場合の金銭的損失は計り知れません。それをポイとゴミ箱に捨てることになるわけです。それを三回、四回と繰り返されるということは会社にとって深刻な問題なのです。しかし、同じ現象が繰り返されます。注意しても、反省を促しても効果がなく、会社もどうやって再発を防いで良いかわからない……。これと類似するケースは、多くの会社で比較的簡単に見出すことができます。

このように繰り返し起こる現象の場合、何らかのマネジメント、あるいはリーダーシップにかかわる機能が機能不全を起こしていると考えることができます。その仕事にかかわる一部の心理的機能が意識下になく、無意識の世界で十分に分化（発達）を遂げないままの状態にとどまっていることがありうるのです。問題は無意識の世界にあり、無意識の世界に光を当てることによって、発達の遅れた機能を活性化し、意識の世界で意味のある機能として働かせることが可能となるという考え方がユングの考え方です。私が、あるハイテク製品のメーカーで仕事をしていた時、ほとんど手作りで組み立てられる製品の不良原因について、当時の部長が社員食堂で彼の部下たちに次のように指導しているのを目撃しました。「君たちの意識していない作業が問題を生んでいる。君たちは無意識でやっているんだよ。だから問題は繰り返される」と。当時の私は、変わったことを言う部長さんだと思うだけでしたが、この部長は長い経験から、無意識がもたらすことについて何かをつかみ取っていた可能性があります。

心理学を学んだ経験のない人にとって、無意識の世界について考えることは、荒唐無稽な空想のように感じられると思います。しかし、少しお付き合いください。そのうち慣れてきます。そしてこの本で初めて無意識の世界を知る方も、ご自身の無意識の世界に向きあって、無意識の世界に光を当てながら人生を過ごせるきっかけとなっていくと確信しています。

ユングの見つめた無意識の世界

多くの読者の皆さんは、無意識については、意識よりもはるかに大きい世界で、ちょうど氷山の見える部分が意識であるのに対し、水面下に広がる巨大なかたまりを無意識としてとらえる説明をどこかで聞かれたことがあると思います。この氷山モデルのイメージは、フロイトの理論を説明するのにぴったりだったものです。しかし、ユングはこの氷山モデルとは比べ物にならないスケールで無意識の世界をとらえていました。「意識とは膨大な知られざる無意識領域の表層あるいは皮膚のようなものです[1]」という一九三四年に行われたセミナーでのユング自身の説明はそれをよく表現しています。また、ユングは無意識の世界が増殖しており、動的なイメージを持つものとして説明しています。彼の著書、『転移の心理学』の中で、次のように表現しています。「無意識が（意識化されて）完全に「なくなる」ことはぜったいにありえない。そのことは無意識の創造的な力がつねにくり返し新たな形態を産み出しうることを考えただけでも明らかである。意識は、たとえいかに包括的なものであろうと、いっそう大きな無意識の円の中に含まれてしまう小さな円であり、大海に囲まれた島であって、それは今後も変わらない[2]」と。また、彼はこんなことも言っています。「個々の意識は見かけだけは確実で頼もしげでありますが、実はぐらぐらした土台の上に置かれた、壊れやすいものなのです[3]」と。このような説明を受けていると、意識とは、息づき成長している無意識の球体のごく一部を占める小さな浮島のようなイメージを持つことになるわけです。しかし、私たちは、この小さな浮島のような意識が私たちの存在そのものであるかのような錯覚を持ちがちになるわけです。また、私たちの多くは、無意識の様々な要素が、活動する場として意識の世界を捉えていることにも気が付いていません。

　近年、個人的パワーを高めるための手段として無意識に働きかけ、何らかの効果を得たいと考えている人々をいろいろな所で発見することができます。大きな無意識の世界に働きかけることの意義を見出しているわけです。しかし、どれほど個人的に前向きな態度を無意識との関係で持てたとしても、個人的に持つ非効率な言動を収束させることは難しいのです。

本書では、真の人間の成熟を考えるために、皆様と無意識の世界を探求していきたいと思います。ここでは、精神分析学の創始者であり、無意識の発見者であるフロイトから学んだ後、かなり広い範囲で、無意識を捉えていたユングの洞察を探求していきます。

ユングは、精神的に抑圧を受けている要素と無意識の関係をフロイトから学んでいました。抑圧されたものが追いやられていく無意識の世界についての洞察は、フロイトによって端緒が開かれたものであり、ユングを無意識の世界の探求者となるべく導いたものです。ユングは、精神的に抑圧された様々な要素が意識の世界から無意識の世界に追いやられ、無意識の世界で動的な力を持って存在していることを様々な書物で論じています。この抑圧に関する現象は、マネジメント上の動機付けや人の活性化に関わってくるものであるため、まず、この抑圧にかかわる無意識の世界について触れてみましょう。

個人的に受けた非常につらい経験を意識下に置いておくことは誰でも苦しいことです。それらを意識することが苦痛につながるからです。したがって、そのような要素は知らず知らずのうちに無意識の世界に追いやられます。おそらく、この本の読者の皆様の中にもつらい経験をした後で、その経験の多くを忘れている方がほとんどではないかと思います。これは、精神的な安定や落ち着きを手にいれるために、自然に起こる現象と言えましょう。中には、辛い経験をいつまでも生々しく意識にとどめ、その時の出来事と感情を繰り返し思い起こす人もいます。このような人は、前向きに人生にかかわっていく態度が不足してしまうケースが多く見受けられます。その意味で、私たちは精神的な安定感を保つために、自然に無意識を活用しているものとも言えます。しかし、このようにして無意識の世界に追いやられた要素が、いろいろな問題を引き起こすことがあるのです。

無意識の中に息づくコンプレックス

社会人として仕事をしていくと、どのような人でも、何らかのつらい経験をすることがあります。人間にとってのつらい経験は、その種類やインパクトは様々で、十把一絡げで扱うことはできませんが、ここで、組織内で起こる失敗の経験について考えてみたいと思います。失敗の経験は、本人にとって大きな問題であるだけでなく、マネジメント上、部下の失敗にかかわる管理職や組織のリーダーにとっても、重要な出来事になります。管理職やリーダーが、どのようにその失敗や部下の引き起こした問題にかかわるかを見るだけで、指導者としてのレベルが見て取れるのです。ただし、失敗にも大小様々なものがありますので、ここでは極端に深刻ではない、日常的に発生しがちな失敗を想定して考えてみましょう。ビジネスの現場で失敗をすると、自分の失敗や不適切な対応に関係するつらい経験が苦手意識などのネガティブな認識として意識内に残ることもあれば、何らかの要素が「無意識」の世界に移行することがあります。後者については、自分自身を守りたい気持ちに後押しされて、本来なら本人がその問題に対峙し、意識の中で情報と心の整理を行うべきものを、無意識の世界にそのまま追いやってしまう現象を含んでいます。それによって、同じ間違いを繰り返したり、再発を生み出したり、類似状況に対するネガティブな言動を生み出すことにつながっていきます。

重要なポイントは、自分の失敗にかかわる経験が忘却という形で無意識の世界に追いやられるだけではないことを認識することです。ネガティブな記憶の要素だけでなく、それにかかわる「感情」も無意識の世界に追いやられ、無意識内に塊となって存在し続けることに気が付くことが重要なのです。さらにその塊は類似の感情的断片を吸い付け成長していくことになります。それが、あたかも生命体のように息づいていくのです。この何らかの感情が統合して出来上がった心的内容の塊のことをユングは「コンプレックス」と呼びました。そして、私たちは、多くの場合、それを明確に意識することができないのです。

ユングは「コンプレックスとは、その人に固有かもしくは多分に苦痛な感情的色合いをもった心的内容の混合物であり、通常の視野からは隠されているもの(4)」と説明しています。また、コンプレックスはそれで完結した存在であり、他から影響を受けることもなく、気まぐれに動く傾向があります(5)。職務上の間違いや自分の怠惰、そして不適切な行動から生まれた失敗に伴う感情は無意識の中でどのように息づいているのでしょうか？　私は、マネジメント・

コンサルタントや人事部の責任者として、いくつかの問題発生の後にその当事者に対しインタビューをしたことがあります。この手のインタビューでは、少しでも経験を前向きに整理するための支援を実行することが常道です。その際、幾つか気が付いたことがありました。まず、それほど時間が経っていない段階で話をする関係で、失敗を経験した人が意識していることをそのまま会話を通じて知ることができます。中にはその失敗を軽く扱い、恐らくその出来事を全て忘れ去ってしまうのは時間の問題というような人がいたことも事実です。すでに建設的な振り返りを通じて、再発防止に向けて、見事に経験を整理している人もいました。しばらく話をした後で無意識に追いやっていたと思われる要素を発見するケースもあります。強気一辺倒の人から打ちのめされている気持ちや自分を卑下する気持ちが出てきたり、大いに反省している人から自己正当性にかかわる意識の断片が突然前面に出てきたりするケースがあります。怒りが話の途中からこみあげてくる人もいました。さらに、非難した上司や関係者、会社に対する複雑な心情が見受けられることもしばしばあります。また、自分以外の人間による問題の再発を呪いのような言葉で予言した人もいました。

　私は、少し時間がたってから表出された幾つかの要素は無意識の世界に一度追い込まれたネガティブな要素だったのではないかと推察しました。私の分析力はこの複雑な心理的状況を明快に解きほぐすには十分ではなかったと思っていますが、決してポジティブとは言えない要素がそこにあることに気が付いていました。しかし、はっきりと何が心中に存在しているかを言い切るのは難しいのです。コンプレックスとはその名前が暗示するように、無意識の中でネガティブな要素が絡み合った複雑な存在として潜んでいます。そして、ユングはコンプレックスを単なる存在物ではなく、意思力を持った集合体として捉えていました。それらには断片的な性格が宿っており、自律的な動きをするわけです。(6)

仮に、一人の人間の中に、自信喪失に関する要素や怒りなどの要素が複雑に絡み合って存在していると、同じ状況や似たような状況に直面した時、建設的に対応できる可能性は低くなるのではないかと思われます。このような面談では、「今後類似問題にどのように対応していきますか?」というような、学習を促進させるような一般的な質問を必ず投げかけるわけですが、状況によっては、そのような質問をすること自体が意味のないものと感じさせるほど大きなネガティブな心情を内面に抱えている方もいるのです。そのようなコンプレックスを持った方は、類似状況に再び直面した際、どんな対応をするのだろうかと考えるわけです。彼らはそのような問題を見て見ないふりをして無視する可能性があります。また、何らかのネガティブな効果によって、問題の再発やより深刻な類似問題の発生を呼び起こす可能性もあります。そのような場合は、管理職は、部下を放置せず、何らかのフォローアップのアクションを取ることが必要になります。ともあれ、失敗の経験は、組織にとっても個人にとっても、自動的に成長に結びつくことは決してないことを覚えておく必要があります。

しかし、このようにして生まれたコンプレックスは、戦争や他者による一方的暴力の経験など、ほとんど制御不能な状況下で与えられたつらい経験と違って、自分で制御しうる範囲がある程度存在するため、解決に向けたアクションを取ることができます。まず、そのような問題に向き合う勇気、そして、強い気持ちや前向きな態度を持って、再発を防止するために経験の整理をしていくことが重要になります。ただし、この前向きな態度や勇気を持つことは、全ての人がうまくできることではありません。そこに管理職の役割が存在すると言えます。管理職としてそのような状況にある部下を持つ場合は、問題を振り返る部下を支え、問題だけに焦点を当てず、部下の強みや価値を示してあげ、彼らが前向きに将来に立ち向かえるように導いていくことが必要なのです。彼らの内面に前向きな気持ちを作ることが指導のポイントです。上司の支援を受け、失敗から必要な情報を抽出し、再発防止の仕組みを作り上げ、その失敗を認めながらも貴重な経験として認識できるようになった時、無意識内のコンプレックスも解消します。このような支援を通じて、失敗を主体的に意識下で整理できた時に、その人は確実に有能性を拡大するはずです。

ちなみに、この時の支援は、「上司から教え諭すものではなく、部下に気づきを与えるように導く」マインドが必要になることは言うまでもありません。語り合い、共に洞察し合うのです。教え諭す要素を極力少なくして、気づきを共有していくわけです。上司としては、コンプレックス形成に関する基礎知識とこのマインドを強く持ちながら進めるだけでよいのです。細かいコミュニケーション・スキルの重要性はそのマインドの重要性と比較すると、はるかに小さいと言えます。人は、このような形で、自分の失敗に向き合い、より大きな存在に成長することができます。建設的な振り返りや反省の持つ意味は大きいと言えます。

しかし、実際の職場ではこのように運ばないことが多いのです。上司から一方的に罵倒されたり、軽蔑的な言葉を浴びせられたり、説教や教え諭すような言動を一方的に与えられる苦い経験を有している社員は非常に多いと言えます。中には、しかりつける、説教をするというアプローチを唯一の管理手法として確立している管理職も存在します。また、管理職が自分のストレスを発散するために部下を徹底して攻撃するケースもあります。ちょっと違った例では、そのような部下をほとんど無視し、差別的な扱いをする管理職もいます。このようなやり方では、さらに大きな複雑な心情の塊を部下の無意識の世界に作り上げてしまいます。このようにして部下の内面に作り上げたコンプレックスは、ほぼ間違いなく部下の洞察や意思決定、動機付けにゆがみを与えるはずです。問題解決どころか、将来の問題の種まきをすることで終わってしまいます。

管理職として部下の失敗や問題に対応する際、このようなコンプレックスの形成を考慮した指導法が望まれます。ユングのコンプレックス理論を理解した時に、上司が部下にどのようにかかわればよいのかが見えてきます。部下の活性化や成長を期待しているのなら、部下に気づきを与え、経験を整理させ、勇気づけ、正しい認識を主体的に勝ち得る支援をしていくことが唯一の方法なのです。同じような状況が起きたとき、本人が主体性を持ってその問題に立ち向かえるように支援することが管理職の仕事なのです。決して個人（部下）を批判したり攻撃したりせず、問題状況に冷静に共に立ち向かい、部下に冷静な学習経験を授けながらその問題に関わっていくことが管理者としてできる最良のことなのです。中には、決して学習する態度を示さない部下も登場してきます。何らかの特別な理由や、自己の立場の保全だけに目が向かい、心を開かないケースです。この状況では、ある程度、辛抱強く彼らに接することが望ましいと言えます。あなたの役割は部下を破壊することではなく、部下を育てることであることをこのコンプレックスの理論と共に再認識していくことが大切です。

コンプレックスに関係するもう一つの事例を紹介しておきましょう。ある管理職が、関係者の感情を無視した部下に対し、過剰な指導をしたことが報告されました。これは彼の別の部下が人事部へ相談に来たことで明らかになりました。その時、その管理者は、部下全員がいる前で、かなり強くその問題を指摘し、一人の部下を激しくしかりつけたようです。その結果、周りでその指導を目撃した他の部下たちのモチベーションを下げてしまったのです。その理由は、その管理者が、他者の感情に疎い代表的な人だったからです。その管理者が指摘していることは部下から見れば、管理者本人が持つ最も大きな問題そのものだったのです。結果として、部下たちがその管理者に誠実性を感じなくなったわけです。

このケースでは、その管理者は、無意識の中で、自分自身が他者の感情に対応することが不得手であることをコンプレックスとして拡大させていた可能性があります。そして、そのコンプレックスに支配される形で他者の類似言動に攻撃的に反応した可能性が高いのです。これは自分自身と対象になっている人との「同化現象」が組み合わさった複雑な心理現象です。似たような現象は、家庭において、自分と似たような特性を持つ子供たちとの関係で良く見出されます。自分が持つのと同じネガティブな要素を子供の中に発見して過剰に反応するケースです。このような反応は、はた目から見ているとなんとも奇妙な現象に思えてしまいます。この管理者の場合は、恐らく自分の問題について、無意識の中で強く意識しながらも、意識レベルでの認識が低かった可能性があります。この分かりづらい現象は、無意識の中の認識がコンプレックスを形成し、生き物のように動きだして生み出した現象と言えます。ともあれ、コンプレックスという無意識の世界にある動的要素が制御しにくいことを覚えておく必要があります。実は、無意識の世界にある様々な動的要素が本書の主要な探究テーマの一つになっています。

コンプレックスの説明の最初の部分で書かせていただいたように、人間の経験には様々なものがあります。つらい経験や失敗を全て同じように扱うことはできません。決して忘れてはいけない経験もありますし、忘れたくても忘れられない経験もあります。ただ、そこで留意すべきことは、精神的な整理なのです。人が前向きに生き、組織や世の中に貢献していくためには、現実に起こったことを整理したり、学習したり、受け入れたりして、その上で、自分の気持ちも整理していく必要があります。恨みや自虐的な気持ち、失望をいつまでも引きづっていると、確実に内面にもネガティブな心理的塊を私たちの無意識の世界に残すことになり、それが私たちをコントロールしてしまうことになります。しかし、この精神的な整理は決して簡単なことではなく、一人で実現することができないことも多いわけです。管理職は部下のこのような気持ちの整理にもある程度手を貸したり、彼らに寄り添う気持ちを持ったりする器量が求められているとも言えるのです。そして、必要な際はカウンセラーを紹介することも、管理職の重要な役割の一つになるのです。

誰もが持つ集合的無意識の要素

ユングは、無意識の世界には抑圧された要素以外に、様々な要素が入り込んでいることを発見していました。その一つに、彼によって発見された「集合的無意識」が挙げられます。集合的無意識というものは個人の経験を超えた人類共通の無意識で、無意識の中でも深いところに存在しています。ユングは、次のように集合的無意識について説明しています。「人間の体が、あらゆる人種的相違を超えて共通の解剖学的構造を示すように、心もまた、あらゆる文化ないし意識の差を超えて、共通の基盤、私が集合的無意識と呼んだものを持つ」[7]と。比較的浅い部分にある個人的無意識のさらに奥に存在している集合的無意識は、私たちが意識的に把握することは滅多にない、少々分かりにくいものですが、ここからもマネジメントを展開するための良きヒントを得ることができます。

ユングがこの集合的無意識の中で見出していたのは、「イメージと情動が同時に存在するもの」で、何らかの心的エネルギーを持つ力動的要素でした(8)。それは人類の共通の要素として無意識内に存在している要素だったのです。意識が全く関与していない、無意識の深い部分を棲家とするこのような動的エネルギーを持った要素をユングは元型（アーキタイプ）と呼びました。ユングは、臨床の現場で、患者さんの中に共通した動的な心理的要素があることを発見していたのです。

例として、母親のイメージや父親のイメージを持つ元型があります。「太母」(Great Mother) と呼ばれる母なるものの元型は、私たちを包み込んでくれる包容力や受容性のある心の働きです。父親のイメージを持った元型は老賢者（Old wise man）と呼ばれており、理性的な賢者としての心の働きです。老賢者の元型は、英知を持つ理想的な存在である一方、権威あるものとして意のままに動こうとする動的エネルギーでもあります。このようないくつかの個性を持った心的エネルギーが人種や文化を超えて共有されていることをユングは気が付いていました。そして、それらが神話や社会的なシステム、習慣などの形成に影響を与えていくことになります。

実は、日本の幾つかの社会的システムはこの太母の影響をかなり強く受けていると思われるため、少し、太母について解説を付け加えましょう。この母親のイメージは母性とか、慈悲深さの他に、他者を呑み込んでしまうような側面を含めたものとして説明されています。ユングの言葉を使えば、「優しくて恐ろしい」母のイメージです。そのような、他者を受容し、包み込むエネルギーを私たちは無意識の奥深くに持っているのです。私たちは、この太母元型に似たイメージを、海や土壌にも見ることができます。例えば土壌は様々なものを生み出す力を持ったものであり、そこで生き物が育てられ、生き物が命を全うした後に戻っていく場所でもあるのです。命の源であり、育てる力を持ったものであり、最後に命さえ包み込んでいくような、大いなる包容性を持った特別な存在なのです。

ところで、私は以前から日本の会社組織に太母のイメージを見ていました。新卒採用にこだわり、終身雇用的な発想を持っている日本の会社組織は、ユングが見出した太母のイメージをかなり強く反映させているように見えるからです。学校を卒業したばかりの社員を入社させ、育成し、最後に葬儀のように定年退職で会社を去らせるパターンは太母のイメージそのものです。日本は、太母元型のエネルギーが活性化しやすい文化を持っている可能性があります。私は外資系の人事で働く経験が多かったため、その違いはよくわかります。外資系の多くの組織では、期待される能力がなければその人がより良く能力を発揮できる別の会社へ移ることを促します。会社の経営状態が悪くなればリストラです。私個人のキャリア変更の多くがリストラに起因しているため、痛いほどその性質は分かっています。赤子のような新卒社員を採用し、育成し、最後の最後まで働いてもらう発想は、世界的に見ると非常に珍しい発想です。しかし私は、そこが日本の強みの一つではないかとも考えています。言うまでもなく、終身雇用というような考え方は、現在のような経済の低成長下で、さらに変化の大きい時代においては非現実的に見える仕組みです。欧米式のマネジメントの影響を受け、多くの日本企業が従業員とドライな関係を築き始めている中で、このような太母的存在感を持った会社は次第に少なくなってきています。しかし、このような太母的な組織を、信念をもって維持し、高い競争力を維持し、成功を納めている会社が存在します。ちなみに、そのような会社では、包容力を持った組織の中で、一人ひとりの構成員はお互いを尊重し合う意識を持つ傾向があります。集団が価値観と情報を共有しながらオペレーションを進めていく傾向も見出すことができます。従業員は、会社のために能力の出し惜しみをすることなく働きます。集団思考の罠にはまらない限り、コミットメントの強い効果的な集団を作ることができます。開発や発明、工夫を社内で推し進めるための理想的な環境ができているとも言えます。ところで、このようなあり方や哲学を一管理職として、自分のマネジメントの中に取り入れることができます。なぜかというと、管理職やリーダーの仕事には、育成という重要な役割があり、実はかなり母性的な側面があるからなのです。また、上司にこのような母性を見出した時、部下たちはコミットメントを高めるからです。これについてはまた後程触れてみたいと思います。

管理職がかぶりがちになるペルソナ

ユングが発見した要素に「ペルソナ」というものがあります。ペルソナという名称は、ギリシア・ローマ時代に役者がかぶっていた仮面から来たものです。私たちは、世の中に対峙する際、集合的に共有している多くのイメージから一部を切り取って、それを仮面のようにかぶりながら役を演じる傾向があります。その仮面のことをユングは「ペルソナ」と名付けたのです。私たちの多くは、家庭的領域と実務的領域という二つの全く異なった領域で生きることになります。その異なった環境が私たちに二つの異なった態度を要求するとユングは分析しています。そこに性格の分裂、性格の二重化が起こり、集合的な要請や一般的期待に影響を受ける形で、仮面をかぶる現象が生まれるわけです。(9) もし、私たちが集合的要素に影響を受けない自律性のある真に個性的な存在なら、その様な分離は生じないはずです。しかし、現実的には私たちの多くは集合的な要請を感じ取りながら、ペルソナをかぶる傾向があるのです。

ペルソナもまた、マネジメントやリーダーシップに関する非常に重要なトピックになりますので、触れてみましょう。管理職やリーダーとして仕事をしている人たちも、何らかのペルソナをかぶって役割を演じている人が多いと考えることができます。実は、多くの管理職やリーダーは、父親の社会的イメージ、老賢者元型に近いペルソナをかぶって仕事をしています。老賢者が持つ、優秀で、厳しく威厳のあるイメージで作られたペルソナです。老賢者のイメージの一部だけ、厳しい分だけを切り取っている人もいれば、賢者の部分を切り取って、ペルソナを作っている人もいます。この傾向は経験の浅い管理職ほど明確になります。

私は、ある専門職がディレクターに抜擢された翌日から、このタイプのペルソナをかぶって仕事をし始めたのを確認しています。類似現象は多数目撃しています。また、多くの女性管理職が同様のペルソナをかぶっているのを見てきました。そのような女性管理職を目撃するたびに、なんてもったいないことをしているんだろうと思うことになります。と言うのは、私は、女性管理職は女性らしさを失わない方が、より大きな影響力を発揮できると信じているからです。実際のところ、マネジメントには、女性らしさが必要とされているのです。しかし、現実的には多くの女性管理職は太母元型の要素を捨て去り、威厳や知で武装した管理職を演じています。私はそのような女性管理者に出会う度に、無意味に厳しさを肥大させている彼女らのことを残念に思い、その下で仕事をする部下たちを気の毒に思うわけです。管理職やリーダーという仕事は極めて特殊な仕事です。人を育て、人を勇気づけ、人にチャレンジをさせ、成功させる。強いて言えば、太母のイメージがかなり多く包含されている仕事なのです。管理職やリーダーにとって、父親のイメージも重要ですが、母親のイメージはその役割と大きく重なり合っている要素と言えます。理想的には、太母と老賢者のイメージを結合し、さらにプラスアルファーさせたイメージが管理職やリーダーには必要なのです。ここで、ドラッカーが『現代の経営』の中で、マネジャーの特性について触れている部分を引用してみましょう。

マネジャーは、彼がマネジメントする人と共に生き、彼らの仕事を決定し、彼らを指示し、その仕事のための訓練を行い、その成果を評価し、しばしば彼らの将来をも決定します。販売担当と顧客との関係、プロフェッショナルとクライアントとの関係では、良心的な取引(honorable dealings)が必要になるだけです。しかし、マネジャーになるということは、むしろ親となり、教師になるようなことなのです。この関係においては、単なる良心的な取引だけでは十分でなく、人間としての誠実性(personal integrity)が本質的に求められるのです。(10)

ドラッカーは、マネジメントという仕事が、育成的な仕事であり、誠実さを持つことが重要であることを指摘しています。ここで示されたイメージは、厳しく、威厳のある父親のイメージとは違ったものであることがわかります。通常、マネジメント教育でペルソナについて言及されないせいか、今もなお、勘違いした偏ったペルソナをかぶる管理職が多く見受けられます。かなり広範囲に見られる病的現象です。このような不適切なペルソナをかぶった管理者は、多くの場合、ポジションパワーと専門知識の優位性をベースに部下に影響力を与えようとします。実はそのペルソナをかぶることで、それしかできなくなってしまうのです。これでは統制管理者になることができてもリーダーシップは発揮できません。マネジメント・コンサルタントとしてしばしば目撃する管理職の問題行動を見ていると、彼らが、老賢者元型の堅い部分や賢者の部分だけを切り取ったペルソナをかぶっていて、その下には成熟性の低い人格が隠れていることが多いのです。ユングはペルソナを変化させることの難しさに言及していますが、心あたりのある管理職の皆さんには、もう一度、太母元型に目を向け、太母元型からエネルギーをもらうことをお勧めします。自分の内面にある太母的心の動きを見つめ、その要素をあなたのペルソナに加えるのです。職場の雰囲気が大きく変化することをあなたも実感されることでしょう。

また、本書を読み進められ、第六章の「個性化と個性化の過程」を読み終わると、ペルソナを捨て去ろうとするあなたを発見できる可能性があります。というより、あなたの向上の過程の中で、ペルソナが自然消滅するわけです。ちなみに、日本人が欧米の経営者や上級管理職に持つステレオタイプは合理性と現実的視点を持ったスマートなイメージを持っています。しかし、実際に欧米のビジネスの上級管理職の方々と接すると、だいぶイメージが違うことがわかります。上級職であればあるほど包容力を感じさせる要素が見えてくるのです。人を動かすためには、老賢者元型だけを基礎にペルソナを作り上げることは、決して良いアイデアではないことに気が付く必要があります。私が働いていた会社の代表をしていた一人のアメリカ人エグゼクティブは、円熟した魅力的な個性をそのまま職場でも表現していました。彼の奥様に伺い確認しましたが、彼の態度は家庭でも全く変化なく、彼には性格の二重性は存在しませんでした。ちなみに、堅く厳しいペルソナは、周りの人に服従を求める傾向があります。そのようなペルソナをかぶることによって、周りの人の主体性を抑え込み、従順性の強い、面従腹背の部下だけで取り巻きを作ることになります。このようなマネジメントは、現在のように、大きな変化が同時多発的に生じていて、一人ひとりの構成員に主体性が求められているビジネス環境下で、人材開発上、大きな問題を作ってしまうことにつながります。もし、ご家庭でも同じペルソナをかぶり続けていたら、同様に、主体性の低いお子様を育てることになってしまいます。そのお子様は、その親に対し反旗を振りかざす経験を持たない限り、従順性の束縛から解放されることは難しいと言えましょう。

マンダラと四者構成理論

ところで、元型の中には抽象性が高いものも存在します。第一次世界大戦がはじまり、ユング自身も大きな精神的動揺を経験していたころ、ユングは目の前で生じている現実を理解するために、彼自身と人類の心の深層について研究を進めていました。(11) 一九一六年のある日、ユングは誰からも何も教えられることなく、円形をベースにしたパターン画を描きました。

それから間もなく、イギリス兵捕虜収容所の軍医司令官の任務に就いていた際、彼は何枚もの類似のパターン画を描いたのです。彼が四十三歳のころでした。それは、円の周りに要素を配置した図2のようなものだったのです。

それから約十年が経過した後、友人が彼に送り届けてくれた中国思想の翻訳書の中で、ユングが描いていたものと非常に似たものがマンダラ（神仏を円の周りに配置した図像）として東洋に存在することを知ったのです。彼は改めて、人種や文化を超えて存在する共有物が無意識の世界に存在することに確信を持ったのです。ユングは彼の著書『結合の神秘』の中で、「マンダラは、自然発生的に何の影響も受けることなく、しかも一度もマンダラ的な理念に触れたことのない子供や大人たちに生じるのです[12]」と書いています。彼は、『黄金の華の秘密』の序文等で、彼の患者

図2. ユングが描いたマンダラ風パターン画

さんが描いたマンダラを複数紹介しています。ユングは、そのイメージの中に重要なメッセージを見出していました。彼は自伝の中で、「マンダラは全体性の概念を示す最も単純なモデルであろうし、対立するものの戦いと調和を示すものとして心の中に自然に生じるものである[13]」と書き記しています。ユングが最初にマンダラを描いた時は、フロイトとの決別を経験し、精神的な分裂を経験している時期であり、マンダラを描いたユングの患者さんも同様な精神状況にあったと言えます。子供たちはまだまだ未熟で、これから精神的成熟を実現していく状態にあったと言えます。このような人たちの心に全体性を持つイメージが浮かび上がっていたのです。このイメージは、全体性を表現するものであるとともに、治癒を受けた時の精神の姿が描かれているとも解釈をすることができます。ユングは、四つの要素を含み、四角と円の組み合わせで構成されているイメージを「全体性の元型」とも呼んでいます。[14]ユングは、このような要素は、「重要なメッセージを包含した、人類が共有している抽象的イメージであり、これらが未知のもので、意義を持ち、ほかの形でよりよく表現されない限り、生命を持ったものとして存在する」と説明しています。[15]人工的に作られた「記号」ではなく、古代から受け継がれた無意識下の抽象性の高い遺産とでも言うべきこのような要素を、ユングは「象徴」と呼びました。彼がここで感じ取っていた全体性を表現する抽象性の高い要素は比較的難しい要素とも言えます。しかし、この説明をあえてこのような管理職やリーダー向けの本の中で詳しく書かせていただいたのは、ユングがこの全体性を表現する元型を追及し、これから紹介していく「心理的タイプ」のモデル設計に活用したからに他なりません。後に紹介する彼が開発した四つの要素からなる心理的機能の四者構成モデルは、この全体性を意味する元型から作られたものなのです。心理的機能について読み進む中でまたこの部分に戻っていただければと思います。

ユングが見出した個人的無意識を超えた人類共通の無意識の概念は、抑圧されたものを入れる容器としての無意識、しかも性的な抑圧に焦点を当てていたフロイトの無意識と根本的に異なる部分でした。ユングのそれは、歴史的遺物さえ呑み込む巨大なものになっていたのです。もう一度整理する意味で簡潔にまとめてみますと、ユングは、私たちが生きて生活しているうちに知らず知らずのうちに獲得していく個人的無意識が比較的意識に近いところに存在していること、そして、無意識の奥深いところに人類が集合的に持つ元型によって構成される集合的無意識が存在していることを見出していました。また、精神的エネルギーであるリビドーについて、性的エネルギーだけにこだわるフロイトの考え方ではなく、もっと広い概念として捉えていたのです。フロイトは愛弟子が、重要な概念について、自分とは違った考え方を持っていることを当然好ましく思っていませんでした。そしてこれが、ユングのフロイトとの決別につながる原因となったのです。ユングは、フロイトと出会う前、当時異端的な存在であったフロイトの理論を自分の立場を危うくする可能性を顧みず擁護したフロイトの真の理解者でした。一方で、フロイトとの交流の初期段階から、この埋めることのできないギャップに気が付いていたことが知られています。ユングは、フロイトとの考え方の違いは明確に示していきました。その違いを単刀直入に語り、論敵としての相互関係が出来上がる状況になり、フロイトを気絶させるような率直な態度さえ示していったのです。しかし、晩年の彼からは、フロイトに対する敬意の言葉がしばしば語られていました。

無意識と心理的機能

ところで、ユングは無意識の世界に今まで紹介したものと違った要素も発見していました。それは、私たちが有効活用していない心理的機能や態度のことです。この活用されていない機能や態度は、先ほどご紹介した集合的無意識ではなく、個人的無意識の中の要素になっています。ここで紹介する心理的機能や態度と無意識の関係についての彼の考え方は大変ユニークであるとともに、私たちの特性を考えたり、管理職としての言動を考えたりする際の大きな助けになるものです。

彼は、私たちが生活の中で意識的に有効活用して、成熟させている心理的機能や態度がある一方、日常生活で効果的に活用していない機能や態度があることを発見していました。活用していない要素は無意識の世界に送られ、分化を果たさないまま未熟な状態でとどまっているわけです。この考え方の背景には、対立軸にある一組の心理的態度と二組の心理的機能の発見があります。心理的態度に関しては、外向性と内向性によって作られる対立軸を発見しています。この外向性と内向性については、殆どの方がある程度認識されているのではないでしょうか。

そして、心理的機能の対立軸に関しては、認知的機能（情報入手系）と判断的機能（情報処理系）に分かれて存在します。認知的機能では、現実的な視点で情報収集を行う機能（センセーション Sensation）と直感を使った機能（インチュイッション Intuition）を見出していました。センセーションという言葉に初めて出会う方も多いかと思いますが、センサー（sensor）と私たちが通常呼んでいる感知器の関連語ですので、すぐになじむことができると思います。これは、現実を知覚機能で具体的にとらえていく機能です。インチュイッションは、直感や洞察によっ

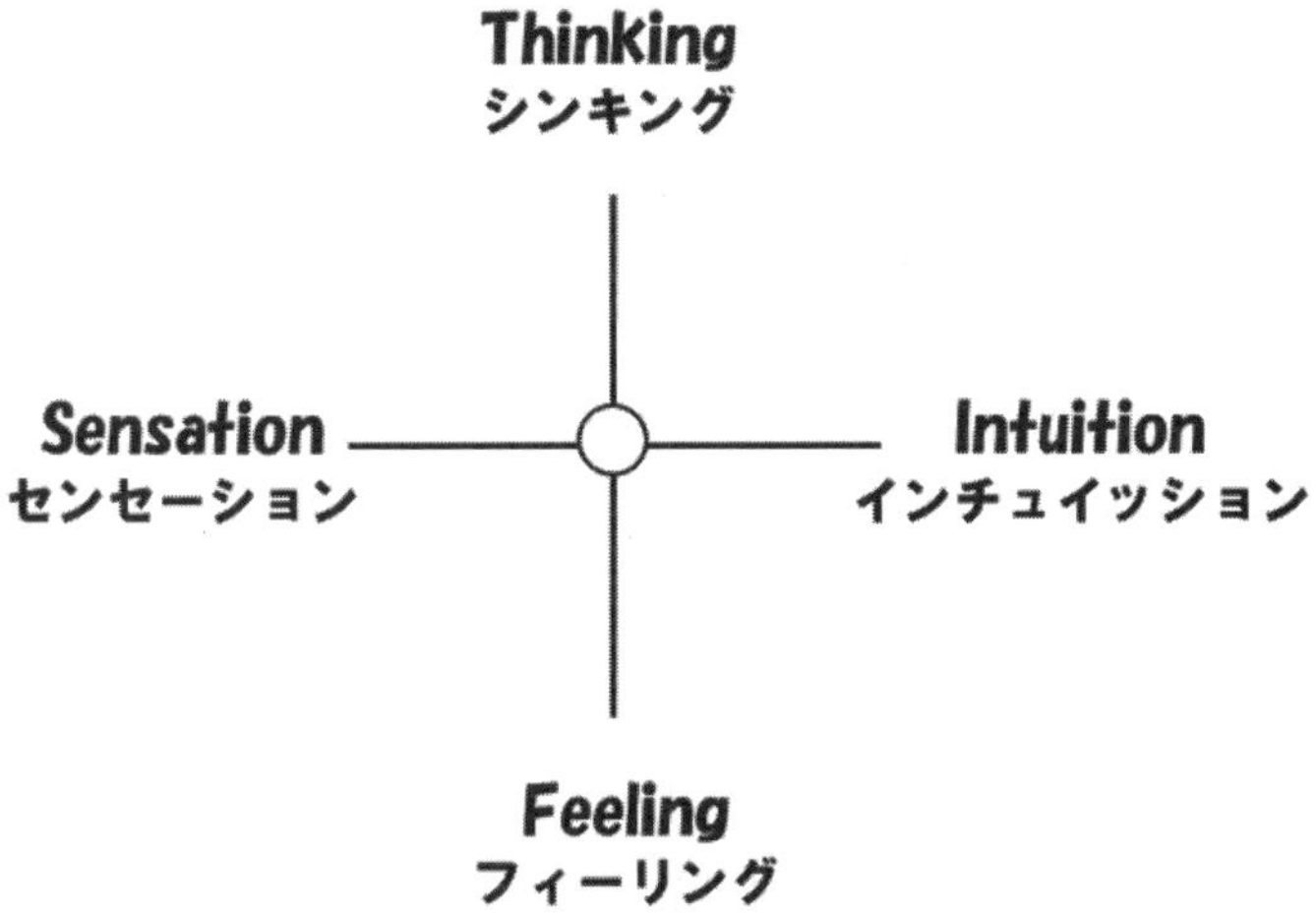

図3. 四者構成の心理的機能モデル

て察知する能力です。インチュイッションは時間軸を超えたり、事物を透視して本質を察知したりする特性を有しています。突飛な機能に思えますが、私たちの「予感」、「ひらめき」、「要点把握」といった活動は、インチュイッションが生み出すものもあれば、インチュイッションが大きく関わる中で生み出されるものもあります。もう少し簡単に説明すれば、センセーションは五感（視覚・聴覚・触覚・味覚・臭覚）で得られるもので、インチュイッションは第六感で得られるものです。そして、判断的機能については、論理性・合理性をベースに行う機能（シンキング Thinking）と自分の有する信条、信念、美的感覚等の価値観をベースに処理を行う機能（フィーリング Feeling）の対立軸を見出しました。

これら対立軸の要素は両立しがたいものであることはすぐにお分かりになるかと思います。一方を得意にして生活し、仕事をしている人は、他方を無意識の世界に追いやっていることをユングは見出していたのです。これによって、一方に慣れ親しむと、もう一方が使えないというような対立関係を生むわけです。例えば、シンキングを極めようとする人にとっては、フィーリングの要素は真っ先に排除されるべきものと言えます。同様にフィーリングで物事を判断している人にとって、シンキング的な要素は最初に排除したい要素になります。実は、人間はそれらの対立軸の右から左へ、左から右へとなびきながら両方の機能をうまく活用する賢さを身につけることができるのですが、多くの場合、どちらか一方だけを集中して使う習慣ができてしまいます。そして、それで満足感を得ている人が多いのです。しかしユングは、無意識の世界に分化の遅れた機能を放置することはあるべきことではなく、すべての機能は意識化される必要があると考えていたのです。

ユングが目指した全体性と自律性

牧師さんの息子として生まれたユングは、心理学を探求する中でキリスト教に関していろいろ複雑な気持ちを抱きつつも、最後までキリスト教には真剣に向き合っていました。彼がすべての心理的機能の意識化を重視した背景には、本来発揮すべきものとして神から与えられたすべての心理的機能は十分に分化され、効果的に使われなければならないという認識もあったと伺えます。この観点からは、開発が進んでいない要素が無意識の世界に放置されていることは、人間の存在を考える際、望ましいことではないのです。

この心理的機能の分化については、二つの視点から解釈することができます。一つは「全体性の実現」です。無意識に放置している機能は、意識的な活用や学習が起こっていないため、十分に洗練されていません。ユングはそれらを意識の世界に連れ戻し、機能を活性化させ、目立って欠落した部分のない、機能全体を意識的に活用することができる全体性のある人間に向上していく道筋を示そうとしたのです。彼は、全体性のある人間のイメージを「マンダラ」から感じ取っており、人のあるべき姿をそこに見出していました。このあたりは彼の書いた『自我と無意識』の中で味わうことができます。

もう一つの視点は「自律性の実現」です。無意識に置き去りにした機能は意識的な制御ができない状態にあります。その置き去りにされた要素がまるで独自の意思を持った生き物のように、唐突に意識の世界に飛び出してくることになるからです。多くの場合、かなり重要な局面、失敗が許されないような局面、あるいは強いストレスを受けている状況で、生き物のように飛び出してくるのです。しかもそれが発達の進んでいない洗練されていないものなので、多くの人を悩ませることになります。ユングは、心理的機能が無意識に支配されている状態では、人間は「個人」として存在できないと考えていました。なぜなら、それは無意識の世界の集合的な意識に支配されている状態であり、他者との違いを持った「個人」として存在しているとは言えないからです。この状態では個性を持った意識や判断の自律性の確立は難しいと判断していたわけです。私たちは動物的な集団的言動を自動的にとってしまう可能性さえあります。自律性を発揮せず、無意識に内在する共通した未熟な要素の制御不能な動きにコントロールされることになるのです。これはあるべき姿とは言えません。従って、自律性を確立し、個性のある個人として存在させるように導くことが第二のテーマとなっているわけです。このあたりは、重要でありかつ分かりにくい要素であるため、後ほど「個性化」という概念をご紹介する時にもう一度詳しく触れてみたいと思います。ともあれ、私たちが無意識について知るということは、私たちが制御できていない要素を理解するとともに、私たちの心の全体構造を理解し、自立と自律を果たせる存在になるための重要な行為と言えましょう。

ところで、悪戯好きな動物を思わせる無意識の分化の遅れた要素から解放されることはとても重要なことです。そのためには、無意識の要素を見つめ、機能を高め、その生き物を自分の重要な一部として変化させる必要があります。その第一歩として、無意識の中にうごめく生き物がどのようなものなのかをまず意識で掴んでおくことが必要になります。それを掴むだけでも、人としても管理者としても大きく成長できると考えられるからです。

正直に申し上げて、私はこの無意識の要素をネガティブに書きすぎていると感じています。私たちはこの無意識の要素の立場で考えることも大切なことだと思われるのです。ユングは次のように書いています。「影は人格の一部分であるから、何らかの形で人格と生きることを望む(16)」と。私たちは、無意識の世界にある発達の遅れた機能を現象として捉えるだけでなく、彼らに対する共感的意識もどこかで持つ必要があると考えます。影としての無意識の要素も懸命に生きているということを忘れないようにすべきなのです。これから外向性・内向性の心理的態度や四つの心理的機能をご紹介する中で、できる限りその生命のイメージを紹介していきたいと思っています。そして、そのうえで各心理的機能の開発の方向性を見つめて行きましょう。最後に、ユングの無意識についての名言を記しておきたいと思います。

われわれは、無意識を理解することによって、その支配から解放される。(17)

第二章　外向性と内向性

外向性と内向性の理解

この本の読者の皆さんは既に「外向性」と「内向性」という言葉を聞いたことがあり、日常の会話の中でもこれらの言葉を使っているのではないかと思います。実は、この言葉を精神分析の分野で活用し始め、深い洞察を開始したのはユングでした。彼は、外向性と内向性について、次のように書いています。「内向型や外向型は性格ではなくて、いわば任意にスイッチを入れたり切ったりすることのできる機制〔メカニズム：引用者注〕なのである[1]」と。つまり、一方が習慣的に使われるようになった時に性格としてみなされることになります。従って、私たちは、一つの習慣を持っていることに過ぎないことを認識する必要があります。

私たちが常識で把握している外向性と内向性のイメージは、概ね正しいものと言えます。多くの方が持っている外向性のイメージは、人と積極的に交わろうとして、言葉も多く、感情も表に出す傾向が強い積極的な人、そんなイメージだと思います。一方、内向性のイメージは、あまり人と交わろうとしないで、言葉も少なく、感情を表に出すことも多くない控えめな人、そんなイメージだと思います。これらは外向性と内向性の外的特性をそれなりにうまく表現したものです。

しかし、もう少し情報が加わることによって、外向性と内向性のイメージはさらに明確になっていきます。特に結果として現れたそのような外向性と内向性のイメージの「背景」を知ることで、これらの概念はより明確になるのです。そのために、以下の二つのポイントを押さえる必要があります。外向性と内向性を理解する第一のポイントは、「自然に生じる関心のベクトル」が自分の外側と内側のどちらに向いているかという点にあります。関心のベクトルが自然に自分の外側に向かっている人は外向性傾向が強く、自然に自分の内面に向かっている人は内向性傾向が強いということになります。リビドーとも呼ばれることがある私たちの精神的なエネルギーが、自身の内面に向かうのか、それとも外部の対象に向かうのかということで違いが生まれています。

第二のポイントは、その関心のベクトルの行先で起こる交流活動を理解することです。つまり、エネルギーはただある方向に向かうだけでなく、向かった先で交流活動を展開するのです。外向性の方々の意識はその対象（人や事物）に向けられ、外側にある対象にエネルギーを向け続けます。そして、その対象と、積極的に交流しようとします。交流を促すために、自分に気が付いてもらう努力も展開します。外部にある対象に対して積極的に関心のエネルギーを送り、それらと交わろうとする結果、皆さんが持っている外向性のイメージが出来上がるわけです。活動的で、よく話し、感情の開放性も出てくるイメージです。ちなみに、外向性の人は対象に関心のエネルギーを傾けることで、対象と自分自身との間に一体化意識が生まれ、他者の話を信じやすい傾向も生まれます。

一方、内向性の人は対象（人や事物）をとらえた後、関心のベクトルは速やかに自分の内部にある価値観や価値基準に向いてしまいます。対象は何らかの形で把握されるのですが、その情報が関心のベクトルに乗って、内側に向かってしまい、対象そのものが常時スポットライトを浴び続けることはありません。そして、内面に有する価値観とか美的感覚、好き嫌いなどの価値基準、あるいは合理性や論理性を基礎とした価値基準と内部で積極的に交流し、捉えた対象が解釈されます。この時の主役は、むしろ自分の内面の基準になっています。これを利己的とか自己中心的態度と評価する人が出てくることがありますが、自分の内部の様々な価値観や価値基準との交流にエネルギーを使う態度をそのように呼ぶことは適切ではありません。なぜなら、彼らの有する価値観自体が利己的とは全く異質のものであることもあり得るからです。このように、内面との対話が進行して行きますので、他者に自分のことを気づいてもらいたいという衝動も生まれません。自然に他者との交流感はなくなり、結果的に、内向性のイメージが出来上がってきます。ところで、ユングが「能動的内向性」と呼んでいる人たちは、対象に関する情報をほとんど遮断してしまい、内面との対話だけに極端にエネルギーが絞られるケースです。私の友人に能動的内向性の典型的な方がいます。彼は哲学的な思考を展開することに長けた人ですが、外部の刺激はまさにチラッと見る程度しか使わない方です。どのようなことに対しても同じです。彼にとってはそれで充分であり、あとは内面の世界で思考を展開・構築するわけです。彼は極めて内向性傾向が強いのですが、深い会話を楽しむ友人として、価値ある存在になっています。

ところで、内向性の人は「言葉が少ない」傾向がありますが、状況によって非常に多弁になり、かつ断言性が高まることがあります。内面にしっかりした判断基準を持っているので、それらを基礎にかなり大胆に意見が出ることがあるのです。一方的とでも言えるようなイメージさえ与えることがあります。ちなみに、対象よりも自分の内面の基準や価値観にエネルギーを傾けることによって、ビジネスの場面では、現場の固有のニーズや緊急性などのニーズを見失う可能性がありますので注意する必要があります。

この関心のベクトルの動きを理解することによって、もう少しすっきりと外向性と内向性が理解できるようになったのではないかと思います。結果として、通常の状況では、表1に示されているような、外観的な特徴が出てくることになります。ある意味では、非常にわかりやすいものとも言えます。しかし、内向性と外向性の「外見的イメージ」は、参考情報とでもいえるレベルの価値しかありません。

実は、内向性の強い方で、意図的に関心のベクトルを調整しながら、特定の時間（例えば仕事をしている間）、見事に外向性を演じる人もいるのです。そのような人は、職場では外向性と思われながら過ごしている可能性が高いのです。

逆に、外向性でありながら内向性に見える人も、まれに見出すことができます。また、先ほどご紹介したように、特定の状況下では内向性の人が多弁になったりする現象が起こることからもお分かりいただけるように、これらのイメージと違った言動が観察されることは珍しくありません。ですから、内向性、外向性を見分けるというテーマは、比較的簡単そうでありながら、非常に難しい面があるのです。早い話、皮相的な観察、短期的な観察では、内向性と外向性を確実に見抜くことはできません。少なくとも、外部からの観察で、一〇〇％の成功率で判定することは絶対にできないことを覚えておきましょう。

さて、ユングが内向性と外向性について、具体的にどのようなコメントをしているのか、実際の彼の言葉をご紹介しましょう。

外向性	⟷	内向性
素早く行動する		ゆっくりと行動
多弁		言葉は控えめ
感情を表に出す		感情の表出は控えめ
社交的で広い交流関係を持つ		限られた人との交友関係を持つ
積極的		消極的
あまり粘り強くない		持続性が高く粘り強い

表 1. 外向性と内向性のイメージ

外向性

「外界の事象に働きかけたいという願望を持つ」、
「外からの要求に直接対応する形で考え、感じ、行動する」、
「心に溢れたものがあると、口をついて溢れ出る」、
「現場に居合わせて参加しようという気持ちと欲求を持つ」、
「（普通の状態で）弛緩した軽い態度を持つ」、
「もてなし、世話をする態度を持つ」、
「親切で親しみが持て、世間との折り合いが良い」、
「他者の中に他者と共に生きる」、
「自分自身を人に見せたがる欲求を持つ」、
「自分の態度を、客体を基準に決定する」、
「自分の主観をあいまいなままにする」、
「無意識では内向的性格をおびている」
というような記述が発見できます。

内向性

「外界の事象に対してはエネルギーを傾けない」、

「心に溢れたものがあっても口は閉ざされる」、
「環境の調和を喜ぶ」、
「客体に歩み寄ることをしない」、
「（普通の状態で）緊張した態度を持つ」、
「参加しようとせず、大きな集まりでは孤独を感じる」、
「自分の殻に閉じこもり、何を考えているかわからない」、
「感情を抑圧するが、内部で膨れ上がり、激情しやすい」、
「自分自身との交流を楽しむ」、
「外からの要求に対して自身を防衛しようとする」、
「自分自身を見せたがらない」、
「客体のリビドーの抑制を考える」、
「気後れしているように見える」、
「無意識では外向的性格をおびている」
というような記述が彼の書籍から発見できます。

固定認識を分離することの重要性

ここまでお付き合いいただいた方は、ご自身が内向性と外向性のどちらが強いかは、ご自身で判断ができているかと思います。読者の方々の内、半数程度の方が、一方が強めではあるが、二つの態度をある程度混合させていると感じていると思います。実は、純粋な外向性や純粋な内向性を持った人というのはむしろ少ないのです。中には、かなりバランスさせている人もいるかと思います。そのような方は良い状態にあることを喜ぶべきなのです。ともあれ、これだけの基礎知識を持ったあなたが判断したこと、それが正しい可能性が高いと言えます。内向性と外向性の判定については、ここまで学習したあなたの判断力を信頼してください。ですから、向性を判定するテストなど必要ないのです。

もう一つ分かっていただきたいことがあります。ここで判定テストなどをしてしまうと、あなたがどちらか一方の「心理的態度」との結びつきを強めてしまう可能性があるのです。これが危険なのです。それは、本書の目的と全く違う帰結を生み出してしまう可能性が高く、ユングの期待にも反することになるからです。どちらかと言えば、今あなたに期待されるのは、ご自身と外向性、あるいは内向性との関係を断ち切り、一度分離することなのです。客観的に外向性あるいは内向性を捉えて、両者の要素をあなたご自身と再び結び付ける準備をしていくことが重要なのです。ここで私が書いている「分離する」ことの深い意味は、第六章で個性化の過程を探求する中で明らかになっていきます。

外向性と内向性の活動性について

タイプ論の中で、ユングは内向性の思考と外向性の思考の速度について言及しています。内向的思考と比較し、外向的思考の速度が速いという考え方については、ユングは明確に否定しています。これに関連して、内向性と外向性の活動性について、最近の研究をご紹介しましょう。しばしば持たれがちな、「内向性の人が活動的でない」という認識は適切なものではないことが分かっています。実は内向性の人達は内面で心理的な活動を盛んに行っており、大変な活動エネルギーを消費していることが知られています。このことについて、ドイツに生まれ、イギリスで活動したハンス・アイゼンク（Hans Jurgen Eysenck）という心理学者が優れた洞察を展開しています。彼は、内向性の人は慢性的に脳（大脳皮質）の覚醒レベルが過剰になっていて、それがゆえに、何か新たに生じた刺激に対する瞬時対応が不得意であり、むしろ落ち着いた環境を必要としていると説明しました。一方、外向性の強い人は脳の覚醒水準が低く、常に余裕があり、新たに生じた外部からの刺激に即対応可能な状態にあり、むしろ外部からの刺激を必要としていると説明しました。つまり、思考スピードではなく、活用できるキャパシティーの問題として捉えたのです。このことは、外向性の方は反応性が高いこと、内向性の強い人は、反応に時間がかかることを見事に説明しています。この考え方は、「覚醒理論」と呼ばれています。この反応性や外部の刺激に対する態度の理解は、実はコミュニケーションの際に活用できる極めて重要な基礎知識となるものです。対人対応を考えていく時の一つのカギになる重要な要素と言ってよいでしょう。これを通じて、外向性と内向性の特性が見事に浮かび上がるからです。

その後、アイオワ大学のジョンソン博士（Debra L. Johnson）が、ガン検診などで使われるPET（陽電子放射断層撮影）を使って内向性と外向性の脳の活性部位の違いを研究しました。脳の活性化が進んでいるところでは血流が多くなるという事実を基礎に、血流の違いを通して研究を進めたのです。その結果、内向性の人は、思考や問題解決、プランニングなどをつかさどる部分の血流が外向性の人よりも大きいこと、外向性の人は、聞いたり、見たり、車の運転をしたりするときに使う知覚にかかわる部分の脳の血流が内向性の人と比べて大きいことを証明し、脳の活性部位の違いを特定したのです。ジョンソン博士の研究から、内向性はじっくり考えることに大きなエネルギーを使うような脳の構造を持ち、外向性は機敏な対応に向いている脳の構造を持っていることがわかります。ともあれ、内向性の人たちの頭脳において、特に思考という重要な分野で活発な活動が起こっていることは分かっていただけたと思います。一方、外向性の強い人は、他者に注意を向けるセンスと素早い反応性を持っていることがわかります。セールスや顧客対応を含む多くの業種で大きな成果を収めたり、関係構築のキーマンとして重要な役割を果たしたりする外向性の強い人が多いことも理解できます。また、外向性の強い人には、魅力的なアピールを発信するタイプのリーダーとして、チームをまとめ上げている可能性もあります。したがって、外向性が成功のための必要条件として短絡的に認識されることもあったわけです。一方、内向性が強い人は、内部にある要素とのキャッチボールを通じて、思索を深めていき、それが業務上あるいは科学上の大きな成果や発明につながることがあります。ちなみに、著名な科学者や社内の研究者、組織の中でじっくりと戦略を構築するような人物は内向性が強いか、外向性でありながらも高度に内向性を発達させている方々と言えます。一流の経営者の中にも内向性の人を数多く見出すことができます。

外向性と内向性を調整するということ

先ほど、外向性と内向性は一つのメカニズムであり。私たちが任意にスイッチを入れたり切ったりできるというユングの言葉を紹介させていただきました。私たちは、外向性と内向性を調整することができるのです。ユングはさらに、彼が理論構築上で強い影響を受けたグロース（Otto Gross）の研究を紹介しながら、外向性は文明に寄与し、内向性は文化に寄与することと、そして私たちには両者が必要であることを示しています。(2) 私たちが効果性を発揮するためには、二つの心理的態度をうまく使っていくことが求められるのです。

外向性と内向性に関連して、しばしば出てくる見解に次のようなものがあります。「私はもともと内向性ですので、顧客対応で本当に気をつかい、気疲れしています」というような見解です。これは、内向性の強い人が、外向性を発揮することの辛さを示していると言えます。実は、このように、自分自身の安心領域から外れた言動をとることは大きな精神的エネルギーを消費し、強い疲労感を生むことになります。その疲労感は、自分の安心領域だけで生活している人には理解できないものです。従って、職業を選ぶ時は、なるべく自分の心理的態度が無理なく受け入れられるものを選択する方が確かに良いかもしれません。ちなみに、内向性傾向の強い人は、何らかの形で専門性を高められるような仕事を選ぶ方が楽になると言えます。しかし、一面では、先ほど例に出した方は、自分が開発をし忘れていた心理的態度を活性化する意味のあるチャレンジをしていると言えます。もちろん無理をすることはお勧めしませんが、自分を「内向性人間」と決めつけず、自分のもう一つの心理的態度の開発にチャレンジする気持ちを持つことは、とても意義のあることなのです。その方のキャパシティーが拡大していくからです。決して無理されることなく、チャレンジできれば素晴らしいと言えます。ただ、一人の個人としては、そのまま、ありのままで良いとも言えます。個人的付き合いの中で、ありのままのあなたを受け入れてくれる人が必ずいるからです。

続いて、職業としての管理職、あるいはリーダーとしての仕事を考えてみましょう。実は、管理職やリーダーという仕事は冒頭で書いたように、極めてレベルの高い特殊な仕事です。仕事上の任務を持ち、それを、部下を通じて達成するということは簡単な仕事ではありません。専門的な知識や技量の他に、高いレベルの人間関係に関する知識、コミュニケーション・スキル、そして適切な態度やマインドセットを持つことが求められます。そして、これらの要素は、一度も学校で評価をされたことのない要素なのです。心理的態度について言えば、管理職やリーダーとしての仕事には内向性の心理的態度も外向性の心理的態度も両方が要求されると言い切って良いでしょう。ですから、一方の心理的態度に偏った方に対して、「そのまま、ありのままでいいのです」とは言えないのです。ここが難しいところなのです。そして、ここがマネジメント・コンサルタントとカウンセラーとの間に大きな違いが出てしまう部分なのです。私たちは、外向性の強い人が持ちがちな未熟な内向性、内向性の強い人が持ちがちな未熟な外向性が、組織内で生み出すネガティブな言動をあまりに生々しく知りすぎているため、そのままで良いとは言えないのです。どちらかに偏ることは、必ずマネジメントやリーダーシップの機能不全につながっていきます。ですから、私はこのような方々に対して、「無理をされないようにしてください。ただ、あなたの心理的態度にもう一つの態度の要素を付加する気持ちを持ってください」というようなアドバイスをすることにしています。その第一歩として、内向性の方々には、まず、「自分は内向性です」という認識から、「内向性の傾向が比較的強い」と認識すべきであることを伝えます。外向性の方々にも、「外ている心理的態度が持つ言動を少しずつ取り入れることを勧めています。これによって、内面にある未熟な要素も意識に送られ、少しずつ成熟を果たしていけるからです。

ともあれ、より良き管理職やリーダーになるためには、弱い向性を何らかの形で熟成させることが必要なのです。実際、この本を読まれているすべての読者の皆様は、どちらかの傾向が強いだけであって、もう一つの心理的態度も有しているのです。私たち全員が、既に両方の要素を持っていると考えるだけでも、開発の遅れた向性を伸ばしていくことに対する抵抗を引き下げることができます。また、内向性とか外向性というラベル付けは何ら本質的なことを語っていないことを認識することも重要です。心理的態度によって生み出される言動の傾向を示すものであり、そこに慣れと不慣れがあるだけなのです。

この本の中では、便宜的に「内向性」、「外向性」という言葉を使いますが、それは人間が持つ心理的態度の一側面を示している言葉として理解して欲しいのです。すべての人には二つの側面があります。一方の心理的態度で自分を定義づけたり、自己肯定をしたりすることは適切なことではありません。現実の仕事、管理者としての職務、あるいはあなたの個人的役割を効果的に果たすために、現在強みにしている心理的態度を大切にしながら、自分の持つもう一つの心理的態度を成熟させる努力を、無理をせずに実行することが大切なのです。

図4をご覧下さい。この図には管理職が行う基本活動の例が並べてあります。この図の中

に示されているように、それぞれの活動に、内向性の強い人が得意な活動もあれば、外向性の強い人が得意な活動もあります。したがって、もし、純粋外向性の人や純粋内向性の人がいたら、この表の半分をうまくこなせなくなってしまうことがわかります。そして、自分の向性をどちらか一方に固定的に認識することは、このような能力の固定化を促してしまうことになります。ですから、社会的な役割、家族での役割を果たすために、時々自分の安心領域から足を踏み出す必要があるわけです。「私は外（内）向性だから、これでいい」という現状肯定的な発想は、個人生活では許容される可能性もありますが、マネジメント、あるいはリーダーというプロフェッショナルな仕事を考えてみたときには、良いアイデアとは言えないのです。これについては、これ

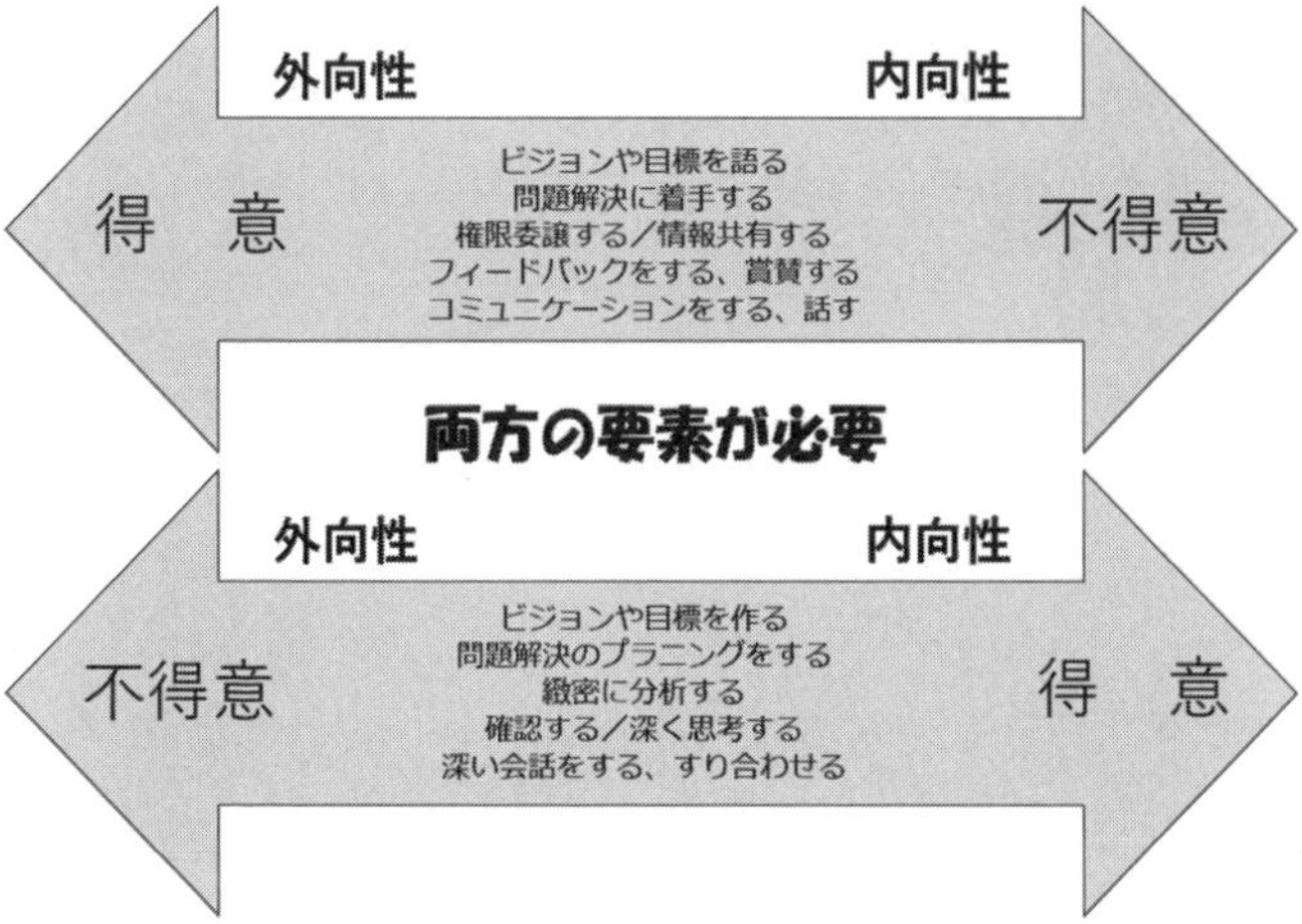

図4. 管理職が行う基本活動の例

から少しずつ説明していきます。ただ、それがどうしても辛すぎる場合は、管理職という仕事から別のタイプの仕事へと移ることが一つの選択肢になります。実際のところ、多くの組織が専門職としてのキャリアパスを用意して、対応してくれています。また、専門職として仕事をすることも、素晴らしいキャリアであることは間違いないからです。

コミュニケーションについての課題

管理職の仕事の中で非常に重要な活動の一つにコミュニケーションがあります。あのドラッカーはコミュニケーションについて、次のように言っています。「マネジメントに特有のスキルというものがある。その一つはコミュニケーションである」[3]と。外向性の強い人は、コミュニケーションを得意としていると自覚している人が多いと言えます。一方、内向性の強い人は、もともとコミュニケーションを苦手と考えている人が多く、他者への働きかけや情報発信が不足する傾向が見て取れます。内向性の強い人は、周りの人と交わるより、自分の内面の世界と交流する方が好きで、特に大勢の人との交流を苦手とすることが多いのです。ですから、パーティーなどは好きになれないことが多く、会議などもできればやらないで済ませたい欲求にかられます。しかし、部下と話し合おうとしない態度は、部下との情報交流不足につながり、部下の信頼感を高められなかったり、管理職としての機能不全を生み出したりする可能性があるので要注意です。ただし、多くの内向性の人は、少数の親しい友人との間では、一対一で、深い会話を展開することができます。

　私が以前同じ会社の内向性のマネジャーに指導した例をご紹介しますと、その指導には、なんと、朝、部下達と挨拶することまで含まれていました。そのマネジャーは、朝、部下と会っても「おはよう」と挨拶もしなかったのです。これでは、部下もやる気が起きません。また、仕事を与えるときも、その「背景情報」、「目的」、「必要条件」、「自分の期待」などを明確に伝えたり、話し合ったりせず、「自分が考えていることを詳しく説明しなくても、部下が分かっているのは当然である」という認識を基に仕事を与えていることが分かりました。さらに、部下が彼の期待に沿った仕事を提出しなかった時に、不機嫌に対応することが多かったのです。これでは効果的なマネジメントを展開することはできません。ちなみに、この「分かっていて当然である」という意識は、多くのマネジメント上の問題を引き起こすので、留意が必要です。内向性の強い人は、部下との交流や話し合いを促進できるように、自分の言動に変化を与えたり、コミュニケーションの場、例えば週例会議や週例のワン・オン・ワン・ミーティング（個別ミーティング）を積極的に設定したりしていく必要があるのです。先ほど例に出した、私が指導をさせていただいたマネジャーですが、彼の前向きな努力の成果が出て、わずか3回の私とのミーティングを通じて、目覚ましい成長を遂げました。彼の言動は、わずか二か月の間にすっかり変貌し、部下達の信頼も得られるようになったのです。

この向性にかかわる言動は、単なる習慣であって、あなたが外向性か内向性のどちらか一方に属していることによって定められた言動を持っているわけではないのです。

ちなみに、内向性の強い人は、本人が考えているほど、コミュニケーションが下手ということはありません。むしろ、素晴らしいコミュニケーションの才能を持っているのです。内向性の人は、先ほど説明させていただいたように、内面に比較的整理されたものを持っている関係で、一度話をし始めると、深みのある情報交換が可能になります。逆に、外向性傾向が強すぎると、皮相的な会話で終わってしまう傾向があります。せっかく相手に焦点を当てることができても、外向性の強い人は自分の内面にあるものと相手の見解を深くすり合わせることに失敗することが多いのです。結果として、会話に深みが生まれないのです。このような現象を見ると、外向性の強い人も、内向性の強い人も、お互いに学び合える部分があることがわかります。

先ほど言及したドラッカーですが、実は彼は部下にコミュニケーションの起点を持たせながら、部下を主体としたコミュニケーションを実現することの重要性を強調しています[4]。上司が部下に向かって何かを言うことは、ほとんどの場合うまく機能を果たさないと彼は考えていました。従って、仕事を与えるときも、部下に状況を理解させ、すべきことを部下に考えさせることを重視していました。部下に意義を感じさせながら主体的に仕事をさせることを大切に考えていたのです。つまり、ドラッカーの対人マネジメントは部下の主体性を尊重する精神で貫かれているのです。一方的に部下に仕事を授けても、部下は責任を持って対応しないと彼は考えていました。ドラッカー流のコミュニケーションでは、部下に起点を持たせた後で、部下のアイデアについて、真剣に話し合っていくのです。外向性の強い人は、自分からの一方的関心を基に話をし過ぎる人が多くなる傾向があります。内向性の強い人は、内面に良いものを持ちながら、コミュニケーションに壁を作り勝ちになる傾向があります。ですから、ドラッカーが目指しているコミュニケーションを実現することは、外向性の人にも内向性の人にもチャレンジングな部分があることがわかります。部下を自分の考えだけでコントロールすることから、より高い視点を持って、部下の主体性をできる限り尊重する精神を持つことへ移行することが必要になるのです。

今度は聞く方を中心に見てみましょう。内向性の強い人は情報発信が不得意だったので、人の話を聴くことが得意かというと、リビドー（関心のエネルギー）が自分の内側に傾いているため、情報を受けることも決して上手とは言えないのです。会話を成立させるためには、外部にいる相手に関心のエネルギーを傾けることが第一の条件になります。そして、極端に内向性に偏った人は、この第一の条件を満たすことが難しくなるわけです。ですから、内向性に偏った人は、相手に関心のエネルギーを向けることを一つの重要な学習ポイントとして押さえて欲しいのです。これは、内向性傾向の強い人に対する最も重要なアドバイスとなります。ユングは、内向性の人間は感情移入の努力をすることがないと書いています。[5] ここでいう感情移入とは、自分の感情を相手に投影し、相手の立場で相手の経験を共有することを言います。

ところが、内向性傾向の強い人がある程度外向的要素を持って、相手に焦点を当て、相手に耳を傾け始めた時、一味違ったことが生まれます。自分の内面にある豊かな価値観を持つ心的要素を相手に投影することが可能となるからです。多くの内向性の方々は、ある程度外向性も持っていますので、その部分で相手にリビドーを傾けます。そして、外向性の力で自分の内面にある価値観を持った感性を相手に投影できるのです。結果として、内向性の成熟した価値観の感情移入が起こり、相手の状況を深く体験する聴き方ができるのです。相手の立場を真に自分のものとして共有する高度な心理的働きです。その結果生じてくるコミュニケーションは、特別な価値を持つものになります。相手には、「この人は本当に私のことを真剣に考えてくれている」という気持ちを与えることになります。内向性で、論理性の発達している人も、ある程度外向性を持つことでやはり自分の合理性や論理性の価値観を他者の世界に投影し、すり合わせ、発展性のある会話展開が可能になります。質の高い協働作業、協働研究が可能になるわけです。これらは、明らかに内向性と外向性の協働作業の結果生まれたものですが、自分の内面にある要素を基に深みのある交流をしているという点は内向性の力が重要な役割を果たしていると言えます。このことは、外向性の強い人で、内向性を十分に発達させている人にも同様に起こることです。いずれにせよ、質の高い感情移入や真の傾聴を実現するためには、私たちは内向性と外向性を共に成熟させる必要があるのです。

また、コミュニケーションにかかわることで、緊張感の現れ方が内向性と外向性では大きな違いがあります。内向性は通常の状況でも緊張感が走っていることがありますが、外向性は「弛緩した軽い態度」を持っていることをユングは指摘しています。私のかつてのアメリカ人上司の一人が日本に赴任直後に、その部門にいる多くの人が強い緊張感を持っていることを心配し、私に「なんでみんなあんなに緊張しているんだい？　何か問題があるのか？」という質問をしてきたことがあります。確かに、彼が持つ軽くリラックスした態度と内向傾向の強い多くの日本人の持つ緊張した態度は大きく違っていたわけです。内向性の人は宥和的環境ではリラックスできますが、不慣れな状況では外向性の人より強めに緊張感が走るのです。内向性の人は通常の状況でも比較的高い精神的エネルギーの消費活動が行われていることを暗示させます。それが、緊張感を高めて、コミュニケーションをぎこちなくしてしまう原因になるので注意が必要になります。緊張感でなく、ゆったりとした落ち着いた態度が内向性の強い人を輝かせるのです。

外向性であり内向性でもあるということ

私は以前、アメリカのビジネス・カウンセリング会社で仕事をしていたことがありますが、その会社で活躍していた優秀なカウンセラーは内向性傾向の強い人が多かったと言えます。

しかし、成功している人たちは内向性でありながらも、相手に焦点を当てる外向的要素も高度に発達させていました。外向性の強い人も同様です。彼らは逆に、内向的な要素を発達させていたのです。一人の話好きな外向性カウンセラーのカウンセリングに同席させていただいたことがあります。その時、彼は口数を抑え、普段は目立たない感性を来談者に深く移入させ、自然に来談者の気持を受け止めていたのです。相手の立場に入り込んで気持ちを共有する感情移入を見事に発揮している彼を見た時には、感動を覚えるほどでした。一方の向性だけを発達させた人は、カウンセラーのような高度な心理的作業が必要な業務を担当することは難しいと思われます。ともあれ、質の高い会話やコミュニケーションというものは、成熟した内向性と成熟した外向性を動員しなければ実現できないのです。コミュニケーションはかくも難しいものなのです。「もっと部下とコミュニケーションを進めてください」、「もっと傾聴してください」などの指導が組織内でしばしば行われますが、このような指導に効果が出ない理由はここにあるのです。もう一度書きましょう。質の高いコミュニケーションを実現するためには、外向性と内向性の両方が必要なのです。ちなみに、ユングは、ガンジーは修行者としての内向性と政治的リーダーとしての外向性の両方の特性を持っていたことを指摘しています。私たちが社会的に何らかの働きをしようとする時には、外向性と内向性の両方の理解と活用が必要になります。

セールスの世界は、どちらかというと外向性の人が数多く活躍されています。しかし、内向性のセールス担当者で大成功している人も数多く見出すことができます。優秀なセールス担当者は外向性と内向性を共に発達させていることが多いのです。私の働いていた会社に出入りしていたセールス担当者の中にも内向性の方がいましたが、一人の成功している内向性セールス担当者は、お客様に焦点を当てる外向性のセンスをきちんと身につけていました。彼は、私にも関心を持ち、懸命に私の話に耳を傾けます。そして、その情報を、深みのある内向的センスで扱うわけです。ちなみに、同僚にいた内向性のセールス担当者の場合、努力して積極的に話し、交流するスキルを身につけていながら、成績は芳しくありませんでした。その青年は、お客様に焦点を当てることを学習しておらず、自分の取扱商品にしか関心のベクトルを向けなかったのです。結果として、彼の書く提案書は自社の立場の情報を中心に構成されていました。まるでカタログを作り直しているような提案書です。彼のセールスも恐らく同じ態度で進められていたと推察されます。彼がタッチアップできたのは、活動のすべてにおいて、意識的にお客様のニーズに焦点を当てながら進めるよう指導を受けた後でした。コミュニケーションの質を高めるためには、私たちは内向性も外向性も発達させる必要があるのです。よき傾聴をするためにも内向性と外向性が必要なのです。

内向性の反応的行動と経過時間

内向性の強い人がビジネスの場面で気を付けるべきことがあります。それは意思決定の時間です。内向性の強い人は、得られた情報を内部にある価値基準やその他の基準で吟味した後、意思決定を行います。これを「反応的行動」と呼ぶことがあります。ここでかかる時間は様々ですが、些細な意思決定でも、2～3秒では決して終わらず、5分も10分もかかることがあります。しかし、仮にミーティングをしている中で10分を超えてしまうと、他者との打ち合わせを進めることができず、先送りが起こります。そして、次のミーティングが一週間後になったり、一ヶ月後になったりする関係で、大きな遅延が生じてしまいます。意思決定の質はともかく、外向性の強い人が、反射的に数秒で終わらせる意思決定が、反応的行動を通すと一週間も一か月もかかってしまうことになり、「決定のできない人」という印象を与えてしまう危険があるのです。もちろん、長い時間をかけ、じっくりと意思決定をしなければならないケースがあることは確かですが、状況を睨んで、意思決定に期待される時間にも敏感になる必要があります。これに対する最良の対策は、生じうる意思決定の内容を先読みし、事前に思考を深めておくことです。これについては、また後程触れてみましょう。

外向性の反射的行動とその課題

一方、外向性が強い人は、意思決定にスピード感があるケースが多く見受けられます。このスピード感は職場やマネジメントの分野で高い評価を受ける可能性がある一方、問題の源となることもあるので、今度は外向性の強い人が持ちがちな言動に焦点を当ててみます。外向性の強い人は、「反射的行動」とでもいえる瞬発的行動を普通に展開できます。また、多数者側の意見を自然に選んでいくような言動も反射的言動と言える可能性があります。ちなみに、この多数決と言うのは、自分の外側にいる人たちの見解を大切にする外向性の人には極めて理解しやすいシステムですが、内面に独自のこだわりを持つ内向性の人には理解しにくいものです。ともあれ、このような「反射的行動」には十分な思索が含まれないことがあるため、特に責任が重くなればなるほど、内向性が得意とする「反応的行動」のレベルを高めていくことが必要になってきます。一度じっくり考えてみる習慣や、意識的に何らかの基準を睨んで思索を深めてみる習慣の獲得が求められることになります。そのためには、自動的に生じる「反射的言動」を制御することが必要になってきます。一つの対応策を紹介すると、コミュニケーションをしている間に、一時的に突き上げる反射行動が出そうになったとき、自分自身に「STOP」をかけるスキルが効果を生む場合もあります。具体的には、反射的行動に入りそうになっている自分に内なる声で「STOP」と声をかけるのです。馬鹿らしく思われるかもしれませんが、このストップ法は、様々な場面で使われている効果的手法ですので、試してみてください。ともあれ、外向性の強い人は、深い思考の展開が苦手になる傾向があります。しかし、管理職や組織のリーダーとしての仕事は深い思考を必要とする仕事なのです。どのような職種でも、戦略や計画策定に際して、深い思考は不可欠になります。

実は、この分野は、学校教育、特に高等教育によってかなり鍛えられている可能性がありますす。外向性の強い人は、学校教育によって、未熟になりがちな内向性の成熟のために、大きな支援をもらっている可能性があるのです。しかし、思索の深さは内向性の強い人と比較して見劣りがすることには変わりありません。従って、継続的な努力が必要な分野と言えます。ちなみに、内向性の人はストレスにかかりやすい人や直感の過剰利用している以外の人は、じっくり自分の内部基準とキャッチボールし、慎重に吟味した後で「反応的行動」に移していく特性を持っています。時間はかかりますが、矛盾した言動が少なく、首尾一貫した態度が表出されるメリットがあります。

外向性と内向性の欠点をカバーする事前準備

内向性の強い人と外向性の強い人の両方が活用できる意思決定に関する知恵があります。それは、徹底的な事前準備です。話し合われるテーマに関する現状分析や問題の検討を様々な角度から事前に進めておくことができるのです。プロジェクトに関することなら、ビジョンや目標、「必要条件」について、考えておく必要があります。「必要条件」は、ドラッカーが『経営者の条件』(The Effective Executive) の中で強調した要素ですが、何が達成されなければならないのか、忘れてはならない条件は何なのかを意味しています。あらゆる意思決定において、必要条件を明確に意識化することが重要になります。必要条件は、極めて常識的なことのように思えますが、主要な最終ゴールだけを見て意思決定を進めることに慣れている人にとって、必要条件の徹底した明確化はしばしば盲点になっています。ちなみに、必要条件を考えるテーマは状況によって異なるわけですが、たった一つの意思決定でも、マーケティング関係、ファイナンス関係、流通関係、戦略関係、マネジメント関係、近隣との付き合い関係、関係者の意欲や部下の動機付けなど、多岐にわたる要素に必要条件を発見できます。一つの仕事を実現するための準備として考察する必要条件は、想像以上に数多く存在する可能性があるのです。

内向性の強い人も外向性の強い人も、このような事前準備を徹底的に行うことで、反応的言動と反射的言動の有する欠点をカバーすることができます。さらに、討論になる可能性があることなら、相手の反応を予測する、出てくる質問を予測する、相手の気持ちを予測する、生じうる危険に対する対応策を考える、議論の進み具合を予測するなど、徹底的に考え抜くことができます。このような準備が、深堀の不得意な外向性の欠点も反応が遅れがちな内向性の欠点もカバーしてくれるのです。ちなみに、私が出会った何人かの優秀な内向性エグゼクティブは、会議の前には、生じうる反論や展開を予測し、徹底して準備するという共通の習慣を持っていました。そのようなエグゼクティブの中には、パートナー会社との非常に重要な会議の前に、人事担当をしていた私に、提案に対してどのような反応が起こる可能性があるか、人事の立場からの意見を求めてきた人もいました。内向性の方々も、外向性の方々も、この事前準備の心掛けが必要になるのです。

人材を活かす会議の進め方

この内向性と外向性の違いから、会議の仕方にも工夫が必要になります。この工夫を一つのシステムとして組織に定着させるだけで、大きな価値と競争力を生み出せるのです。多くの場合、会議は部や課の責任者や何らかのプロジェクトの責任者のイニシアチブのもとで予定が組まれ、実施されます。参加する方は受け身的になるケースが多いと言えます。会議は、なんらかの形で参加者が意見をすり合わせることが重要な目的になっているはずです。単に情報提供や報告の場として会議を活用することもそれなりに意義はありますが、これらには代替手段もありますので、やはり力をいれるべきところは、参加者からの情報のインプットや考えのすり合わせの部分になるわけです。しかし、多くの会議が、責任者からの情報提供と彼らが主役として何らかのパフォーマンスを展開することに焦点を合わせているように見えます。出席者はあたかも目隠しをされて会議に参加するような体験をすることになるわけです。会議をリードする責任者が、パワーを行使しやすい状態を意図的に作っていると言ってもよいかもしれません。しかし、参加者は十分に貢献できるチャンスを失うのです。

そのような状態でも、実は外向性の強い人は対応することが可能です。状況を素早く把握し、うまく対応していくセンスがあるからです。一方、内向性の強い人は、ほとんど傍観者的な立場に立たされてしまいます。会議の進行スピードについていけないからです。別の言い方をすれば、比較的深みのある思考を展開できる内向性の人的資産をほとんど活用しないで、会議が行われることが多いわけです。これはもったいない話です。このような状態を防ぐための手段として、会議の目的やテーマ、会議の進め方、目指している成果を参加者と事前に共有しておく習慣、あるいはルールを持つことが挙げられます。事前に情報を伝えて、十分に考えさせる機会を与えることは、内向性の人だけでなく、外向性の人にも大きなメリットがあります。私が以前働いていたあるコンサルティング会社では、国際人事部の中に一つのルールがありました。一か月に一度行われるグローバルのテレフォン・カンファレンスでは、一週間以上前に仮アジェンダがメールで届きます。必要と思われる人は、そのアジェンダに追加や修正を求める意見をメールで送り返すことができます。そして2日前に、最終的なアジェンダが配布される仕組みでした。残念なことに、インターナショナルの人事部長が変わった時に、その習慣もなくなってしまいましたが、非常に価値あるシステムとして機能していました。

外向性も内向性も持つ誠実性の危機

外向性は対象（他者や事物）に関心を傾け、自然な対応を起こしていきます。対象や状況の変化に、外向性の強い人は柔軟に対応していく傾向を持っています。しかし、このような基本性向は首尾一貫性を失わせ、いわゆる「軽さ」を生み出してしまう可能性があるのです。一定の方法や確立している価値観をベースに対応するのではなく、相手への対応の中で自分を見失い、一貫性が失われる可能性があるのです。このことで、部下を含む他者から信頼を得られない自分を作ってしまうことがあります。一貫性というものは誠実性を構成する極めて重要な要素になります。その場対応でふらふらしている上司や一貫性のない態度で接してくる上司を見ることで、その上司に対して信頼感を持つことができる部下は皆無と言ってよいでしょう。これは、顧客の立場でもいっしょなのです。外向性の強い人は、誠実性というリーダーシップの極めて重要な要素を失いがちになる特性を持っていることを自覚しておく必要があります。ドラッカーは「誠実さ（Integrity）よりも知性（Intelligence）を大切にする人をマネジメントに登用してはならない(6)」と述べています。あまりにも他者や状況に焦点を当てすぎ、首尾一貫性を失っている人は、注意が必要になります。自分の内部へもエネルギーを傾け、内部に自分の言動の基盤になるものを打ち立てることが重要なのです。

一方、内向性の強い人は、自分の内部との対話が多くなり、他者に対する関心が極端に低くなることがあります。それが、誠実性を疑われる言動を生み出すことがあります。このあたりが難しいところです。内向性の方が、どれほど素晴らしい一貫性を内面に打ち立てても、それが他者から理解されないと、他者には一貫性を感じることができないのです。極端な例を出せば、顧客第一主義を志向する営業担当がいたとします。しかし、その人が笑顔も出さず、怖い顔をして顧客対応をしていたら、そこには内面と外面に一貫性が存在しないことになります。統一性が失われた状態になっています。実際のお客様にあなたの内面がわかるように、外向的な言動を持って、お客様にあなたの気持ちを伝える必要があるわけです。ですから、日ごろから、自分をオープンにして、他者に自分の考え方が見えたり確認できたりする外向的な要素を身に着けないと誠実性は感じられなくなるのです。誠実性を発揮するためには、外向性も内向性も共に発達させておく必要があると言えるのです。

自由特性論

ところで、ハーバード大学のブライアン・リトル（Brian Little）教授は、次のような考え方を示しています。重要な目的や意義を持っていれば、その人の本来の特性を超えて自由な特性を発揮できるのであり、そのようにして自分の本来の特性でない特性を活用する行為は決して道徳性を損なうものではないという考え方です。これは自由特性論（Free Trait Theory）と呼ばれています。内面と表面に現れた言動のギャップは、誠実性を大切にしている人にとってはネガティブに捉えられがちになる要素ですが、誠実性の観点から、あるいは道徳性の観点からこのような行動には、何ら問題がないと説いているわけです。彼は、著書の中で次のように指摘しています。

私は、異なった状況に対応するために、あなたの持つ特性を変化させることは、真正な行為であると信じています。理由はこうです。完全なる真正さを求める声は、私たちの内面と一致していないあらゆる表面上の言動は不誠実であるという前提に基づいたものです。この観点からは、特性を変化させることは嘘をついていることになります。しかし、あなたが、その前提そのものに疑問を投げかけることを、私は強く推奨します。(7)

リトル教授は非常に強い内向性でありながら彼の愛する学生さんに素晴らしい学習体験を持ってもらうために、彼の講義を楽しく退屈させないものにしており、外向的な特性を発揮して成功しています。彼の講義はネットを通じて見ることができます。彼が本来の内向的態度で暗い覇気のない講義をしていたら、彼の社会的貢献は大きく低下することになるでしょう。ちなみに、この自由特性論は、ユングの観点からすれば、まったく問題のないことです。自らが無意識の世界に追いやっていた機能を活性化させている行為に他ならないからです。私たちは、外向性、あるいは内向性として自分を定義づけるべきではないのです。私たちは、外向性も内向性も持っているのです。そして、外向性も内向性も発揮できるのです。ですから、これと似たようなことで、良心の呵責を感じる必要はありません。

しかし、このように、自分の安心領域以外の特性を発揮することは疲れが伴うことになります。それは、自分の特性を自然に発揮するよりも、精神的エネルギーの消費がはるかに高くなるからです。ですから、意図的にそのエネルギーの補充をする必要がでてきます。補充の仕方は簡単ですが、非常に重要なことですので触れておきましょう。内向性の人は、例えば自分が安心できる落ち着いた環境に身を置くことが重要になります。刺激を減らすことができるところで時間を過ごすことが大切なのです。一方、外向性の人は、他者と交流できる環境に身を置くこと、多くの人と会話をしたり、視線を合わせたりできるような環境が必要になります。それが最良の癒しとなり、エネルギーの補充となるのです。このエネルギー補充のメカニズムは、家族や自分の重要なパートナーには理解されておく必要があります。その理由は、外向性の方が内向性のパートナーを持っている場合、そのパートナーが一人でいる時間を持つことをサポートしてあげる必要があるからです。私の友人は内向性の奥様を持っています。奥様からしばしば、「ちょっと一人にしておいて」と要求されることがあったそうですが、長い間、その真意がつかめなかったのです。実は、彼の奥様は、内向性でありながら、毎日、顧客対応にかなりのエネルギーを消費していたことから、一人でいる時間が必要だっただけなのです。

外向性・内向性が経験する補償作用

今まで見てきたように、私たちは外向性と内向性の特性からかなり多くのことを学習できるわけです。しかし、これからさらに深い外向性と内向性の探求が始まります。ユングは、外向性と内向性に関係する「補償作用」について価値ある洞察をしています。補償という言葉は、一般的には「損害をつぐなう」という意味で用いられることが多いですが、心理学では満たされないものを補おうとする精神的力学、心の動きの意味で使われます。この言葉は、アドラーによって、神経症心理学の分野に持ち込まれたものです。アドラーは、劣等コンプレックスを補償しようとする心理的働きについて洞察したのです。一方ユングは、心理的態度や機能の働きの中に補償作用を見出しました。彼は、対立要素の一方が優位にたった後、無意識の世界に存在するもう一方が補償作用で顔を出す力学を見出したのです。この作用は、生体の恒常性維持のためのホメオスタシスと似たところがあります。生体の良好な状態を維持するために、本来持つべきバランスを取るべく生じている自動反応と表現しても良いものです。外向性と内向性の補償作用については、それぞれの向性を持つ方々の特性を理解する際の極めて重要な要素を含んでおり、また、マネジメント・スキル上、重要な意味を持つため、詳しく説明を加えましょう。

補償作用が生み出すネガティブな行動

今まで見てきた心理的態度の例では、外向性の人は内向性の要素を十分に発達させないまま無意識の世界に追いやっている形になります。しかし、忘れ去られようとしている内向性の要素が時として外向性を補うために顔を出してくる現象がここでいう補償作用なのです。まるで生き物のように唐突に顔を出すのです。ユングは、重要な局面でこのような現象が生じることを言及しています。補償作用それ自体はホメオスタシスの観点から好ましいことと思えるのですが、これが問題を生み出す要因になってしまうのです。なぜなら、外向性の人の場合、顔を出す内向性は十分に分化していない、未熟な内向性だからです。同様に、内向性の人は、外向性を無意識の世界に追いやっているので、時としてそれが、補償作用の力学で顔を出すことになります。この場合も、顔を出す外向性は未熟な外向性なのです。いずれの場合もこの生き物のような要素は制御が難しいのです。

補償作用について、もう少し情報を付け加えましょう。今まで述べてきたように、補償作用によって浮かび上がってくる要素は、悪戯っぽく制御できないという面がありますが、もっと強い力を持っていると言えます。つまり、単に私たちが制御できないというレベルでなく、非常に強い影響力を持っており、私たちはそれに巻き込まれたり、支配されることがあるわけです。その支配力は見事であり、彼らは魔術でもかけるような力を持って私たちをコントロールすることがあります。このあたりは内向性・外向性を紹介しながら、また、各心理的タイプを紹介しながら、皆様と分かち合っていきます。ちなみに、人の向上というのは、他でもなく、この強い影響力を持った補償作用で動き回る生き物を成長させ、彼らのリビドーを自分のコントロール下に置くこと、さらにすべての要素を統合的に、バランスよく活用できる力を獲得することに他ならないのです。

ところで、この補償作用は、重要な局面だけでなく、ストレスに直面した時にも生み出されることが私たちのインタビューによって確認されています。組織で仕事をする人々は、大小様々なストレスを受けながら仕事をしています。ストレスフリーの状態がむしろ珍しいため、通常の職場環境には、発達の遅れた未熟な要素の補償作用を経験する環境が出来上がっていると言えます。特に、この向性に関する補償作用は、ビジネスのごく普通の状況下で、多くの人が強い影響を受けているため、注意が必要になります。それでは外向性と内向性について、それぞれ見てみましょう。

外向性が経験する補償作用

まず、外向性の強い方々は通常、対象である他者や事物に対して関心を寄せています。相手に強い関心を寄せるという、外向性の最も素晴らしい特性です。他者に関心のエネルギーが絶え間なく寄せられるので、場合によっては他者と一体になるような経験さえ持つことがあります。有名人に埋没するような経験を持っている外向性の強い人が多いのはこの表れと言えます。ところで、このように外部にエネルギーを注ぎ続けていると、特に重要な局面で自己の喪失感が無意識の世界で沸き起こってきます。無意識の世界に存在している内向性を擬人化すれば、内向性が「内面にも目を向けてください」と叫んでいる状況が生み出されているのです。そして、内面の自我に対して、集中したエネルギーの投入が起こります。外部の対象に捧げていたエネルギーに対する補償作用です。ところが、この時の内向性は発達の遅れた内向性で、自己中心性を核とした未熟な内向性なのです。結果的に、外向性の人は、他者をよく見てエネルギーを傾ける言動と自己中心的な言動の奇妙な融合が生み出される傾向があるわけです。

実は、この自己中心的言動は管理職やリーダーが最も注意しなければならない要素です。

自己中心的な発想や言動は、弱い立場にある部下に向けられることが多く、部下の活性化を破壊したり、リーダーシップの機能不全を生み出したりする最大の要因に他ならないからです。しかし、部下を一方的にコントロールしようとしたり、彼らの立場を完全に無視したりする言動が外向的な管理職の言動の中にしばしば出現します。部下たちは一方的な力に動かされることもありますが、面従腹背的な態度で対応することもあり、彼らを真に活性化することはできません。ですから、これを克服できない人は一流のマネジメントを実践することはできません。自分の内面で青々とした自己中心性を持ち続ける管理職やリーダーは、人に影響力を与えたり、他者を鼓舞したりするようなことは低いレベルでしか実現することができないからです。

内向性が経験する補償作用

続いて内向性ですが、通常、内向性の方々は関心のエネルギーを自己の内部に向けています。外向性は無意識の世界に追いやられ、発達を遅らせているケースが多くなります。そして、内向性の強い人が何らかの重要場面やストレスがかかる状況下で仕事をしている時、その未熟な外向性が、補償作用の力学で突然頭を持ち上げてくるのです。ここでの外向性は、十分に分化が進んでおらず、対象（相手や事象）について、ゆがめられた認知を持つ未熟な外向性です。その認知は無意識のレベルで起こっており、本人は自覚していません。典型的な現れ方は、無意識の中で、対象（人や事象）に対して化け物的なイメージを重ね合わせることです。怪物が登場するわけではないですが、自分ではとても対応できない粗暴で強い力を持った他者や状況をイメージしてしまうわけです。したがって、このような未熟な外向性が顔を出したときは、対象に対して必要以上に同意したり、あるいはその難しそうに見える状況と対決することを棚上げしたりする言動をとります。さらにストレスがかかり、その化け物的イメージが拡張していくと、盲従や服従の言動、状況に対しては、躊躇や逃避行動が生まれることになります。相手の要求をすべて受け入れ、自分の考えより常に相手の考えを優先させるような自己犠牲的な言動も生み出します。このような特徴は、交渉の場面などでメリットを生まないことは明らかです。人から反論を受けると頭が真っ白になり、何が何だか分からなくなってしまうというようなケースも一つの例と言えます。場合によっては、このようなストレスが高まった段階で、一気に激情的な攻撃性を表出させることもあります。これらの言動は、対象を正確に把握する外向性が未分化で、その未熟性が引き起こす現象と言えます。いずれにせよ、この結果生まれる躊躇や先送り、逃避行動的な言動は、マネジメント上、ネガティブな結果を生むことが多いのです。

次頁のモデル（図5）は、この補償作用を整理したものです。すべてをカバーしているわけではありませんが、補償作用のメカニズムが一瞥できるかと思います。

外向性と内向性のマネジメント上の問題については、この補償作用の存在が非常に大きな意味を持つので注意を払う必要があります。外向性・内向性の両方の成熟性を高め、このような極端な補償作用とは無縁な管理職やリーダーの方々もたくさん存在します。しかし、この補償作用にコントロールされ、日常レベルで様々な問題行動や機能不全を経験している方々も数多く見受けられるのです。留意する必要があります。

ハラスメントのメカニズム

続いて、この補償作用がハラスメントにつながるメカニズムについて、ご紹介したいと思います。これからこの本で扱っていくハラスメントは、職場における地位の力や立場の優位性を利用して、他者に精神的、肉体的なダメージを与えていくパワー・ハラスメントと呼ばれるハラスメントです。パワー・ハラスメントは二〇一八年

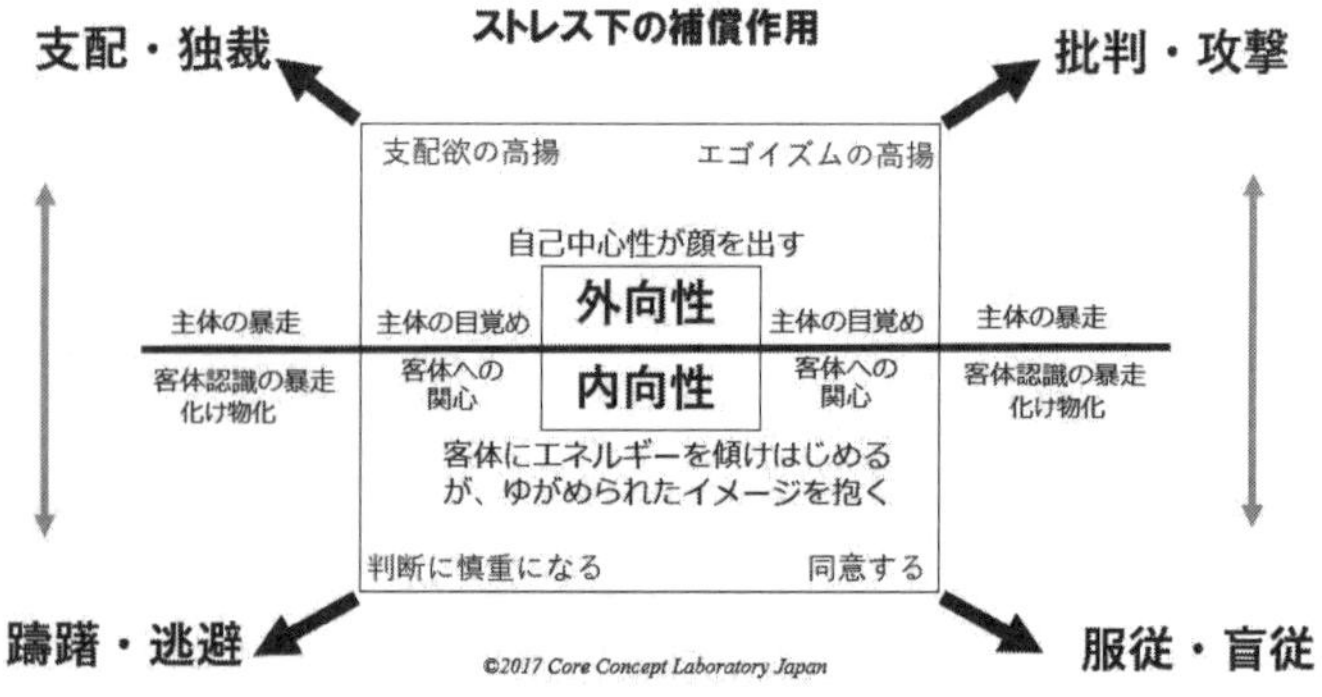

図5. 補償作用の図解

に労働局への相談件数が七万件を超え、毎年、増加をし続けている深刻なマネジメント上の問題です。

このハラスメントは、後ほど紹介する四つの心理的機能との関係もあるので、この内向性と外向性だけで語るのは、本来は適切ではありませんが、この内向性と外向性の段階で説明をして、心理的機能の説明で補足する形をとらせていただきます。パワー・ハラスメントは、マネジメントの分野では、無視できない重要な問題となっています。その一方で、明確な解決策は確立されていません。しかし、ほとんどの組織の何処かで、常時この問題が生じていると言ってもよいほどです。私個人の身近なところでもこの問題が生じていました。一つ例を挙げれば、マネジャーをしていた部下がパワー・ハラスメントの問題を引き起こしてしまったのです。その際、いろいろ努力をしたものの、私自身が適切に対応できなかった苦い経験を持っています。結果的に、私は被害者になっていた一人の部下を失ってしまいました。実際のところ、ハラスメントは、「それをしてはならない」と、いくら諭してもなくなりません。規則の利用や命令的指導では高い効果は期待できないのです。その理由は、ハラスメントは多分に無意識に関わっている言動だからです。一番効果的なアプローチは、その心理的メカニズムを理解し、自己の内面を見つめ、自己の向上に向けた努力をすることと言えます。ハラスメントの加害者に対峙する際は、時間をかけて話し合い、無意識で起こっている彼らの言動について理解させ、内省的な行動計画を立てさせることなしに再発を防ぐことはできないと言えます。

外向性が生み出すハラスメント言動

外向性の人は、普段は、関心のエネルギーを外部の対象（人や事象）に向けており、関心を自分の内面に向けることについて不慣れな状態にあります。しかし、時として、この発達の遅れている内向性が顔を出してくるわけです。この内向性が、本人が制御できない極端な自己中心性であることは先ほど説明した通りです。その自己中心性が極端に進むと、相手を支配する心理状態を生み出します。それが、支配的言動や批判・攻撃的言動を生み出し、部下や同僚を傷つけることにつながるのです。ユングは、意識の外向的態度が強まるほど、無意識の態度がますます幼児的で未成熟なものになり、極端に外向性を発達させた時には、子供っぽさを超えた、「残酷なエゴイズム」を生み出すことを指摘しています。[8] いわゆるいじめ的な言動もここから生まれるのです。多くの攻撃的ハラスメントはこのように外向性が有する未熟な内向性の補償作用から生まれています。他者ににこやかに接する外向的態度を持ちながら、ターゲットとした人に対して残酷な攻撃行動を行う奇妙な言動の組み合わせが生じます。

マネジメントの観点から言えば、このような攻撃的言動、パワーをベースにした言動は、他者を恐れさせることはできても、決して、あなたのビジョンに沿った主体的な行動を他者に喚起することはできません。このような行動が強く表出されることで、あなたはマネジメント・コントロールだけが強い管理職になることができても、他者の動機付けややる気を引き起こせるようなリーダーシップの要素を全く活用できない管理職になってしまいます。十分に気を付ける必要があります。私は、現場の管理職にインタビューする機会を数多く持っていますが、その時、リーダーシップをマネジメント・コントロール力と誤認している管理職は、現在でもかなり多いことに気が付いています。もし、そのような認識を持っている場合は、その人がマネジメントをする組織に主体性を持った、はつらつとした社員を生み出せる可能性は低くなります。組織の大きな成果は、主体性を持ったはつらつとした社員の働きから生まれます。押さえつけられ、コントロールだけされている社員からは、現状維持的貢献しか望めません。リーダーシップとは、ビジョンに向かって主体的に歩む人を作る影響力のことです。もしあなたが、部下との関係で自己中心性を発揮し過ぎている自分を発見したら、ぜひ自分の行動に「STOP」をかけてください。

ところで、このような自己中心性は、普段他者に焦点を当てすぎることを通じた反動として捉えることができるので、一日の中に、静かな時間を持ち、自分のことをいろいろと考えてみる時間を持つことが外向性の方にとって重要になります。瞑想の時間を持って、偏りのない無の境地の時間を過ごすのもよいでしょう。自分を大切にするために特別な時間を作るのもよいでしょう。そのようなことを通じて、他者との交流に偏り過ぎることなく、自分の内面と交流を深めていけば、次第にそのようなネガティブな反応を抑えていくことができるようになります。これはとても重要なことです。

内向性が生み出すハラスメント言動

続いて内向性ですが、内向性のハラスメント言動には大きく二つのタイプがあります。最初のタイプは、先ほど説明させていただいた、補償作用の結果現れる相手に対する認知のゆがみから生じるものです。頭を持ち上げてくる外向性は、発達の遅れた外向性であり、対象に対して化け物的な認識を無意識の中で持つことになります。結果的に、恐れに似た感情を部下にも抱き、それが無意識の中で浮かび上がることがあるのです。そして、特定の部下に対してこの気持ちが向けられてしまうわけです。このような恐れを持つ管理職はしばしば共通の行動をとります。それは情報とコミュニケーションの遮断です。自分が持っている情報をほとんどその部下と共有しようとせず、コミュニケーションのレベルも抑え気味となります。別の言い方をすれば、部下に目隠しをつけて部下の非力化を図る動機が生まれるのです。この言動がさらに強化されると、仲間外し的な行動となって現れます。場合によっては、そこから虐め的言動をとる人も出てきます。それがハラスメントにつながってくるのです。

部下を恐れる管理職に関係して、ドラッカーは、「できる部下に脅威を感じることが明らかな者もマネジメントの地位につけてはならない。人として弱いからである[9]」と警告しています。また、この部下に対する恐れに関係して、ドラッカーは、次のような洞察をしています。

「真のリーダーは、ほかの誰でもなく、自らが最終的に責任を負うべきことを知っています。

それゆえ、部下を恐れることはないのです。本当のリーダーでない人は部下を恐れます。部下の追放に走るのです(10)」と言及しています。ドラッカーが言いたいことをもう少し判りやすく言い換えてみましょう。上司が部下の仕事に責任を持つということは、その部下を完全に包み込むことを意味します。大きな包容力を持って、部下と彼らの仕事を包み込んでいる証です。ですから、部下と競争するようなレベルに自分を置いていないのです。部下の仕事に責任を持つと言ってくれた上司は、管理職として、あるいはリーダーとして、一段高い立場にあることを部下は察するとともに、その上司のためにも頑張る気持ちを起こさせます。部下たちはその上司に特別な気持ちを抱くことになり、コミットメントを高め、より真剣に仕事に取り組むようになります。このように、あなたが部下の仕事に責任をとることの表明を通じて、部下に対する恐れは無意味なものになるのです。このドラッカーの思索も参考にしてください。管理職のあなたは、部下と同じレベルにいてはいけません。中には、「部下の達成は自分のもの、部下の失敗は部下のもの」を地で行っている管理職もいますが、正直、はた目から見ていても涙が出ます。エゴイズムが悲しいほど息づいています。これでは人を動かす人間にはなれません。

もう一つのパターンは、比較的単純なもので、内向性の人が、明らかに自分が優位に立っていると認識をしている時に起こります。内向性の強い人は明確な価値基準を持っていることが多く、しかもその基準に対するこだわりが強いのが普通です。ですから、部下の職務遂行や言動がその基準から大きく乖離しているのを認識して、その不満が閾値に達した時、短絡的な攻撃言動として出てくることがあります。もともと相手にエネルギーを傾ける外向的要素が未分化であるため、相手の立場や気持ちへの配慮を欠いたまま、単純爆発するケースです。このように、内向型の管理者は、部下の問題言動を見て、そこから生まれるネガティブな感情をしばらくため込み、その感情が内部で膨れ上がり爆発を起こすという現象を生む傾向があります。その際は、相手の気持ちを顧みない、粗暴なコミュニケーションが展開される可能性があります。これは、専門性の高い人にありがちな暴走です。また、爆発という形ではなく、内部でストレスを消化しながら、静かに相手を無視するような形や、じめじめした虐め行動の形で現れることもあります。これらの問題については、普段からコミュニケーションを充実させることで、かなり回避することができます。

部下の問題行動について部下を指導する際は、あなたの判断を決して口に出さず、観察結果を部下と共有し、冷静に話し合うことが大切です。「きのう、君が×××しているのに気が付いたんだけど、何か特別な理由があったのかな?」と、判断していないこと相手に判らせながら、観察結果を堂々と伝え、語り合うのです。あなたは判断していない人として、相談に乗ってあげるだけなのです。議論をするわけではありません。ですから、あなたの緊張が上がることはありません。部下に考えさせ、気づきを与え、主体的学習を促進するアプローチをとるわけです。とにかく、内面にストレスをためずに、コミュニケーションを通じた問題解決を目指すように心がけることが必要です。週一回、個別ミーティングなどの設定をして、コミュニケーションの頻度をシステム的に高めることは有効な手段となります。

ともあれ、日ごろから、コミュニケーションの頻度を増やすことがこのような未熟な外向性を成熟させるためのカギになります。また、外の世界に対する関心を深めていくことも一つの重要なカギになります。普段から外の世界にエネルギーを傾けて、外の世界との交流を進めていく努力を積み上げることが重要です。他者を観察する機会を増やし、他者との交流を増やしていく中で、他者を恐れる気持ちを減らしたり、相手への配慮をコミュニケーションに入れ込んだりすることができるようになります。観劇など、他者を観察することを目的とした趣味を持つことも効果があると言われています。部下に関心を持って、部下をよりよく理解する気持ちを持つことで、内向性の方々の影響力・リーダーシップは確実に増大するのです。

無意識のメカニズムとしてのハラスメント

ハラスメントの問題は決して外向性の人だけにかかわる問題ではなく、内向性の強い人もハラスメントの加害者になりえることをご理解いただけたと思います。いずれにせよ、ハラスメントの問題は、無意識のメカニズムが大きな役割を果たしているのです。ですから、「注意してください」、「二度とこのようなことは起こさないで下さい」と言われるだけでは収束することはほとんど期待できません。多くのハラスメントが無意識に存在する未熟な要素に影響を受けているということは、その無意識内の要素を意識化し、成長させることによって、必ず無意識の世界に原因を持つ現象は解決できるのです。ですから、まず、ハラスメントのメカニズムを理解し、続いて、対立する向性についての理解を深めてください。そのために、本書を読み返すことで対立した向性理解を深めたり、他の本を通じて学習したりしても良いでしょう。補償作用はホメオスタシスという、本来非常にポジティブな反応なのです。飛び出してくるものの未熟性が問題を生み出していたわけですから、それを熟成させることがカギとなります。

ともあれ、ハラスメントのメカニズムの意識化と対立向性の理解を実現するだけで、ハラスメントはかなり抑え込むことができます。自分を見つめ、自分の内面を成熟させることを通じて、ハラスメント的な言動は効果的に収束させることができるのです。

最後に外向性と内向性の上司に対して、部下がどのような問題を見出しているかをご紹介したいと思います。これは、インタビューで得られた多くの意見から、各向性についてのコメントを同数任意に選んだリストですので科学性のあるリストではありません。あくまで参考としてご覧ください。

外向性上司に対する不満：

表面的で信頼性を感じられない。／にこにこしながら、仕事を押し付ける。／迎合的すぎる。／話しを真剣に聴いてくれない。／もう少し、地味な業務にも力を注いで欲しい。／突然押し付けがましくなる。／仕事が収束しない。／慌てさせずに、少し時間を与えて欲しい。

内向性上司に対する不満：

何を考えているかよくわからない。／仕事を抱え込んでいて、部下に任せてくれない。／情報を抱え込んでいて困る。／目標や期待していることが漠然としている。／突然不機嫌になるが意図が伝わらない。／スタンダードに厳しすぎる。／言葉がきつい。／コミュニケーションが不足している。

管理職やリーダーという仕事に完璧を目指す必要はありません。それは一人の人間として完璧を目指す必要がないのと一緒です。しかし、大きすぎる問題点を持つことは部下や組織に対してネガティブな影響を与えてしまいます。自分を客観視し、大きな問題があれば、人生のテーマの一つが示されていると考えることもできます。管理職とは、自分の成熟を直接仕事の中でも役に立てることができる素晴らしい仕事なのです。

今まで、外向性と内向性について紹介してきましたが、非常に多くの内容が含まれていることに読者の皆様も気が付かれたのではないかと思います。あまりに多くの情報が提供されたため、混乱が起きていないか心配しています。混乱が起きている方は、読み進める前に、もう一度、外向性と内向性を読み直してみても良いかと思います。

ところで、この外向性と内向性の分布は国や民族によって、かなり異なってきます。アメリカや西欧諸国では外向性が多いため、日本の状況と大きく異なってきます。アメリカで開発された類型論のトレーニングなどは、内向性の存在を無視して、外向性を中心に開発されたものがほとんどです。しかし、内向性の多い日本のような国では、この外向性と内向性の理論はとりわけ重要であり、自己の開発や対人関係について学習するときは、決して無視することができない重要な要素になります。実際のところ、このユングの外向性と内向性を良く理解するだけでも、管理職に必要な態度や言動のかなり重要な部分を獲得できるのです。

外向性の強い方が持つべき小さな心がけ

①結論を出す前に、さらにもう一度考える習慣を持ちましょう。
②内向性の仲間を理解し、活用しましょう。
③表面的現象や外見だけで判断しないように留意しましょう。
④落ち着いて考える時間、自分のための時間を持ちましょう。
⑤ストレス下の自己中心傾向と攻撃性に注意しましょう。

内向性の傾向の強い方が持つべき小さな心がけ

①相手に関心を持ち、良く観察しましょう。
②話し、聞くことにもっとエネルギーを注ぎましょう。
③コミュニケーションをする機会を増やしましょう。
④違った考え方を尊重しましょう。
⑤ストレス下の盲従、自律性の喪失に注意しましょう。

第三章　四者構成の心理的機能モデル

四者構成モデル

これから、ユングの示した四つの心理的機能について探求していきましょう。四つの要素からなる全体性のインスピレーションは、ユングが誰にも教えられないでマンダラを描いた時に初めて彼の頭に浮かんだものです。その後、一〇年間という時間をおいてから、彼は東洋のマンダラに接し、四者構成のイメージを意味のある「象徴」として捉え始め、その後も四者構成に関する探究を続けていきます。彼の共著である『アイオーン』は、キリスト教のシンボルをこの四者構成を通して探求しているものですが、その中でユングは、次のように書いています。「四者構成はすぐれた秩序形式で、望遠鏡の十字線にも比せられる。特に、様々なものがまじりあって混沌としている状態を整理し、秩序づけていくためには、もってこいのものであり、本能的に用いられると言ってもよい座標系である(1)」と。また、『結合の神秘』という書物の中では、「対立は、しばしば四要素一組、すなわち交差する二組の対立としても現れる。四大元素（地・水・火・気）、四つの性質（湿・乾・冷・温）、あるいは四方位や四季のなどで現れます[2]」と述べており、対立軸の組み合わせで作る四者構成はしばしば自然に表出する歴史的遺産であると捉えていました。そしてユングは、人間の心理機能を探求した際、この四者構成のフレームワークで基本モデルを作り上げたのです。そこでは、二組の心理的機能を対立軸に沿って配置しました。

一つの対立軸は、情報入手に関する機能、もう一つの対立軸は情報処理に関する機能で構成されています。無理のない美しいモデルと言えます。対立する要素が示されつつ、全体性が表現されています。すでに第一章「無意識の世界」の中で簡単にご紹介させていただいたように、認知的機能（情報入手系）については、現実的に感覚器官を通して情報を収集していくセンセー

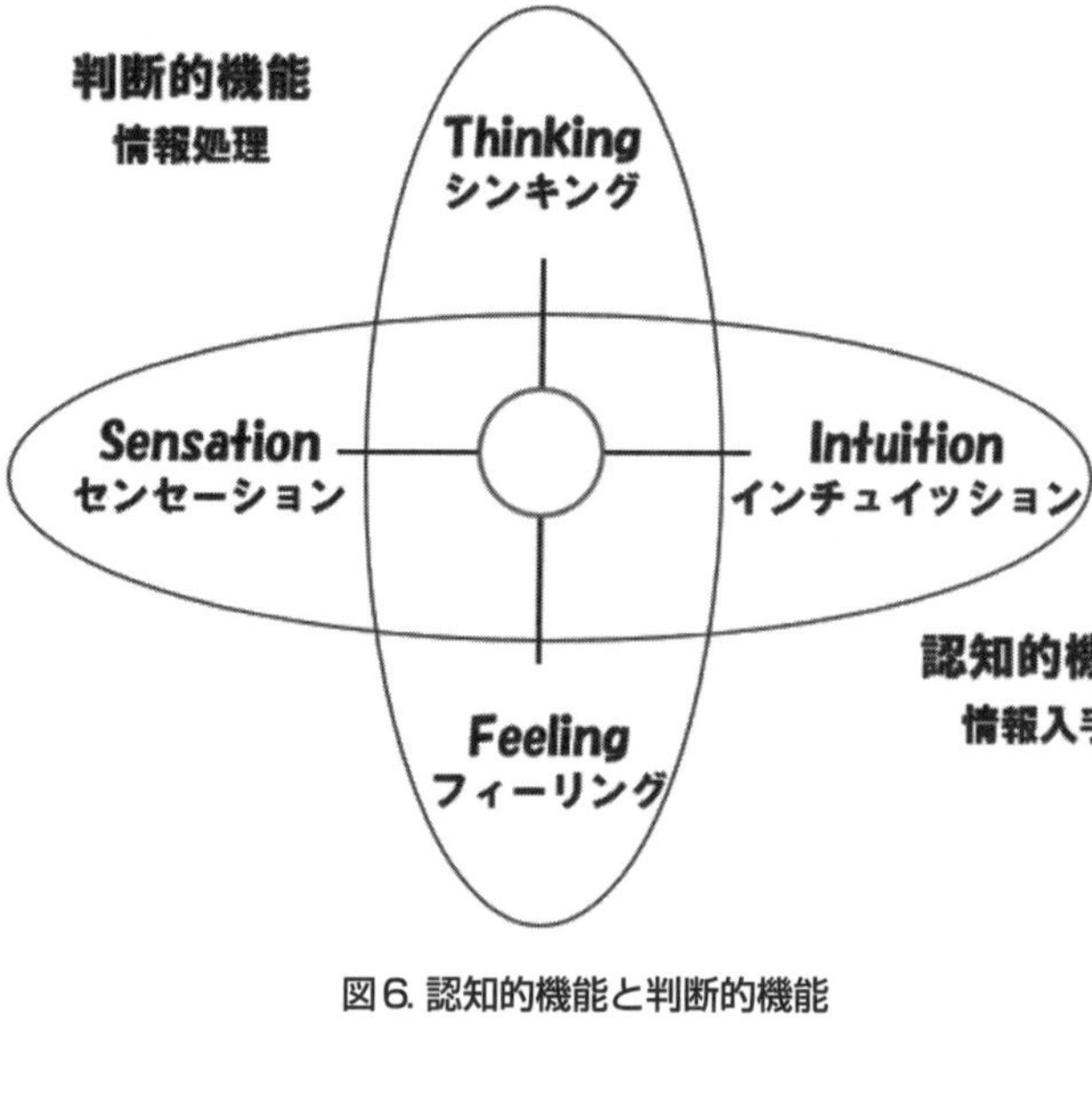

図6. 認知的機能と判断的機能

ション（Sensation）機能と直感的に情報を収集していくインチュイッション（Intuition）機能に分けています。そして、判断的機能（情報処理系）では、論理性・合理性を基に処理を進めるシンキング（Thinking）機能と自分の有する主観や信条や信念、美的感覚等の価値観を基に処理を進めるフィーリング（Feeling）機能に分けて、対立軸で構成したのです。

そして、それぞれの心理的機能をよく使う人を、表2に示されているように、センサー（Sensor）、インチュイター（Intuitor）、シンカー（Thinker）、フィーラー（Feeler）と名付けたのです。

本書の中では、センサー、インチュイター、シンカー、フィーラーという言葉をその心理的機能の名前と同様に頻繁に使っていくことになりますので、ぜひ、頭に入れてください。

主要機能と補助機能について

もう一つ事前に理解しておいていただきたいことがあります。それは、私たちは通常、一つの最も活用する心理的機能とともに、その機能を補完する第二の機能も意識的に活用しながら、生活をしたり仕事をし

		心理的機能の名称	その機能を特に使う傾向のある人の名称
情報入手系	認知的機能（非合理的類型）	センセーション（感覚）	センサー（感覚型）
		インチュイッション（直観）	インチュイター（直観型）
情報処理系	判断的機能（合理的類型）	シンキング（思考）	シンカー（思考型）
		フィーリング（感情）	フィーラー（感情型）

表2. 四者対照表

たりしているということです。ユングは彼の著書『心理学的類型（タイプ論）』の中で、次のように説明しています。「どの類型も意識的な主要機能と並んでなお、あらゆる点で主要機能の本質とは異なっている比較的意識的な、補助機能を有している[3]」と。彼の言っている「本質の異なる比較的意識的な補助機能」について、少し説明を加えましょう。まず彼は、一番強く働いている機能を「主要機能」と呼び、二番目に強く補助的に働いている機能を「補助機能」と呼んでいます。ちなみに、主要機能の軸対象の位置にある機能が、一番開発が遅れた要素になります。ですから、センサーは、インチュイッションの発達が一番遅れており、インチュイターはセンセーションの発達が一番遅れており、シンカーはフィーリングの発達が一番遅れており、フィーラーはシンキングの発達が一番遅れていることになります。このような一番遅れた機能を「影」と呼ぶことがあります。ですから、二番目に来るのは、ユングの言う「異なった本質を持つ機能」になり、認知的機能（情報入手系）を主要機能に持つ人は判断的機能（情報処理系）に補助機能を見出せます。そして判断的機能（情報処理系）に主要機能を持つ人は認知的機能（情報入手系）に補助機能を見出せることになります。この二番目に来るものをユングは「比較的意識的な」要素とみなしていたのです。ちなみに、私どもは、その人が外向性で主要機能がセンセーション、補助機能がシンキングの場合、「外向性センサー／シンカー」とシンプルに呼んでいます。

各心理的機能と意識・無意識の関係について

個々の心理的機能の紹介を個別にさせていただく前に、主要機能や補助機能、影になっている機能、そして外向性・内向性の全体的な関係についてみていきましょう。図7をご覧になってください。

この図は、一九六七年に河合準雄先生が発表された『ユング心理学入門[4]』に掲載されていたモデル図を再現したものです。同様の図は、アンソニー・スティーブンス（Anthony Stevens）によって書かれた『ユング[5]』の中でも示されています。私は、河合隼雄先生に直接教えを受けたわけではありませんが、「先生」という以外の敬称はつけられない方ですのでこのように呼ばせていただきます。ここ

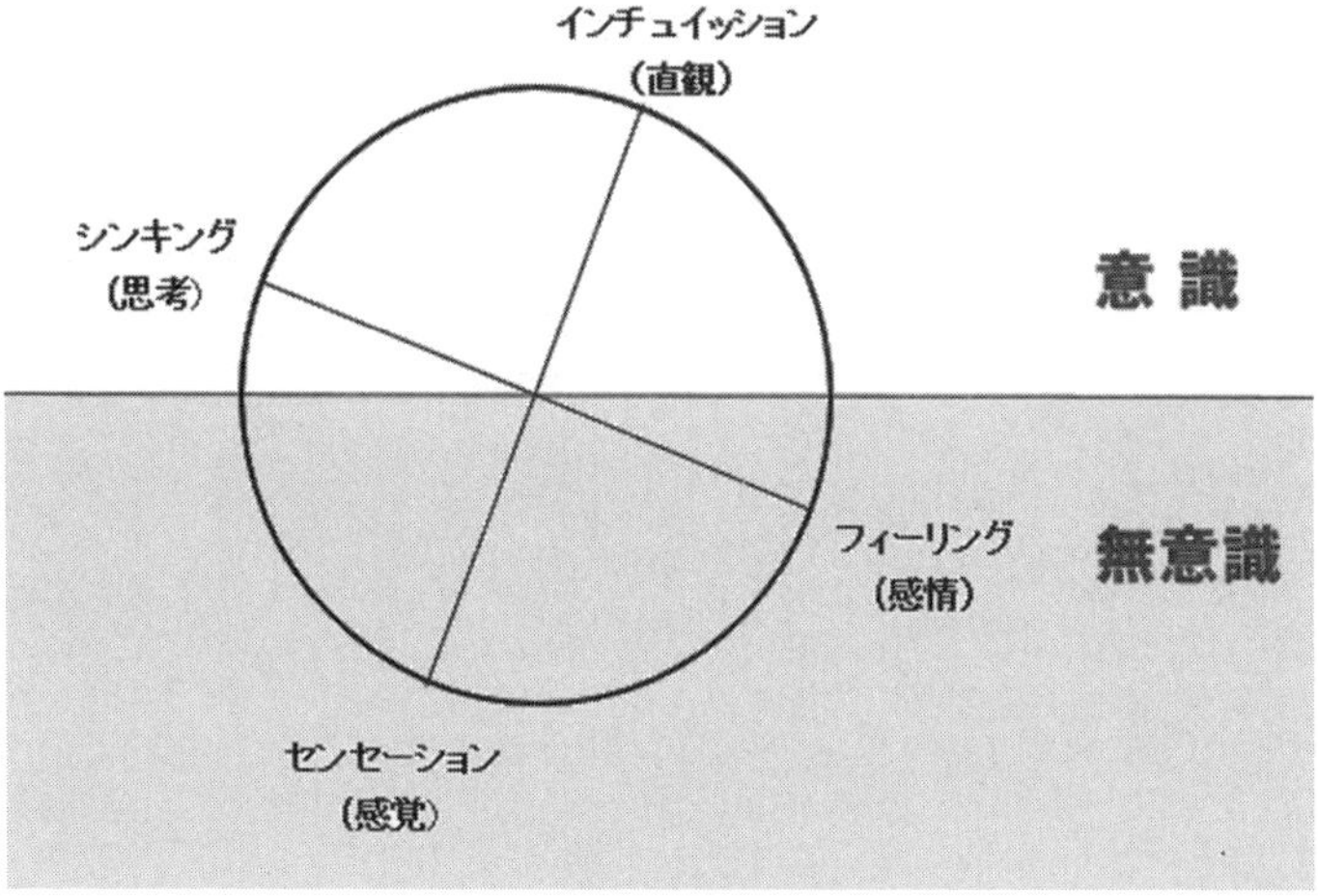

図7. 全体的な関係図

で河合先生によって示されたものは、意識下でインチュイッションとシンキングが働いていることが判ります。インチュイッションはほとんどが意識下にあり、シンキングは無意識に入り込んでいる部分もかなりありありながらも、多くが意識下にとどまっています。そこで、この人はインチュイター／シンカー（主要機能がインチュイター、補助機能がシンカー）ということになります。影はセンセーションです。この人の場合、インチュイッションとシンキング機能は分化が進んでおり、意識的にコントロールできる状態で活用されていることがわかります。そして、センセーションは無意識下に沈み込んでおり、フィーリングの大部分も無意識下にあることがわかります。これらの無意識下にある要素は、未分化のまま、時々補償作用で意識の世界に顔を出してくることになります。ちなみに、意識下と無意識下では向性（心理的態度）が補償作用の影響で逆転することが知られています。河合先生の図では外向性・内向性が示されていませんが、もしこの人の意識が外向性なら、無意識では内向性ということになります。同様に、意識が内向性なら、無意識は外向性ということになります。勿論、この球体の軸の傾きは人によってさまざまということになります。ともあれ、これは、ユングのタイプ論のキーポイントを見事に表現した秀逸なモデルと言えます。

ちなみに、もし、私たちが各心理的機能、そして二つの態度をすべて発達させることができたら、何が起こるでしょうか？　本を閉じて考えてみてください。そのようなことができれば素晴らしいわけですが、それによって、少なくとも、この心理的機能に関しては、意識の範囲が広がり、意識の世界で四つの機能が働くことになります。結果的に、無意識の世界の未熟な要素によってかき回されることもなくなります。これは後ほど、「個性化」の概念を触れる中で、皆様と探求できればと思っています。ところで、一つひとつのスタイルについて探求をしていく前に、皆さんに確認しておいて欲しいことがあります。それは、私たち全員が、この四つの要素を持っているということです。すでにご紹介した外向性・内向性と全く同じです。ただ、そこに活用レベルと成熟度の差があるだけなのです。皆さんは、センサーの側面、インチュイターの側面、フィーラーの側面、シンカーの側面をすべて持っています。ある人はご自身がセンサーだと判断することがあるかもしれません。しかし、それはセンセーションを日ごろよく活用している人という意味であって、決してセンセーションしか持たない人という意味ではないのです。すべての機能が皆さんの愛すべき属性なのです。

これから、認知的機能の軸にあるセンセーションとインチュイッション、判断的機能の軸にあるシンキングとフィーリングに分けて、この四つの機能を探求していきます。ただ、マネジメント・コンサルタントが書き下ろすタイプ論の解説ということになると、心理学の諸先生が行うタイプの説明の再演をここで行うことは全く期待されていないと思われます。管理職やリーダーに向けられた本であることを考慮し、「組織で働く人」を意識しながら、内容をまとめて行きたいと思っています。ですから、この部分については、ユングの考えをベースにしながら、現実のビジネス状況をかなり取り込んだ記述となります。また、本書では、特定の主要機能だけに焦点をあてるアプローチをなるべく減らす努力をしていきます。できる限り、センセーションとインチュイッション、フィーリングとシンキングをペアで扱い、皆さんが認知的機能の二つの機能と判断的機能の二つの機能について、同時に理解を深める機会を作っていきたいと考えています。両者が表裏の関係にあるので、一緒に理解することによって、学習効果が高まると考えているからです。また、これによって、一つの主要機能だけと皆さんが関係を強化することなく、客観的な精神で対立機能と共に主要機能を吟味できるようにしたいと考えています。また、ここでは、特定の主要機能と補助機能の結びつきによる特性の判定は示しません。その理由は、人を詳細なタイプのどこかに落とし込むことをあまり重要視していないからです。私が属している会社では、トレーニングを前に検査を通じて、詳細なタイプを明確にしていますが、これは逆に大変注意して扱われなければ、問題を招くことになると考えています。重要なことは、特定の心理機能と強い関係を持つことなく、すべての心理的機能について深く洞察し、自分の中にある心理的機能全体を認識し、必要な開発を促進していくことにあります。このことについては、第六章で「個性化」を探求する時に説明させていただきますが、タイプによってあなた自身を定義づけることは危険ですらあるのです。ちなみに、あなたが主要機能として持っている機能にも、向上の可能性があることを忘れないようにしてください。四つの機能すべてが向上のターゲットとなるのです。

補償作用と機能暴走がもたらす問題行動

これら四つの心理的機能のネガティブな補償作用についても、今後の章を使って、繰り返し紹介をしていきます。この補償作用は特に問題行動を理解する際のカギになるものですので、理解しやすいように、ここで一度、簡単にまとめて紹介します。補償作用については、外向性・内向性のところで既にご紹介させていただきました。この作用は生体のホメオスタシス（恒常性）を実現しようとする働きと同質の働きです。しかし、心理的機能の場合は、向性の場合と同じように、無意識の世界に影となって存在している対立機能は分化が遅れているという特性を持っています。そして、ホメオスタシス的に補償作用が機能した際、その未熟な要素が意識の世界に飛び出してくることになります。これは、一つの衝動として浮かび上ってくるものです。例えば、フィーラーにはシンキングの要素が補償作用で現れてきますが、シンキングの未熟な言動である、論理的あるいはシステマチックなアプローチを毛嫌いするなどの形で表出することがあります。同様に、シンカーには、フィーラーの要素が補償作用で現れてきますが、フィーリングの未熟な言動である他者に対する無関心とか情動の暴走などの形で表出することがあります。センサーは、インチュイターが補償作用として現れますが、インチュイッションの未熟な言動である暗い予感や現実性や具体性のないものに対する拒否感などの形で表出することがあります。インチュイターにはセンセーションが補償作用で現れてきますが、センセーションの未熟な言動である、現実逃避、現実を見つめることができないなどの形で表出することがあります。これらは強い衝動として私たちを支配し、私たちの言動をコントロールする可能性さえあります。これらについては、各心理的機能の説明と心理的機能の成熟を解説する中で再度扱っていきます。

また、現実の職務遂行では、慣れ親しんだ主要機能に頼りすぎた結果、主要機能が過剰に強められることによって生じる暴走言動も問題を引き起こすことを留意していただければと思います。これは、対立する機能が意識の中で抑えられ、主要機能が暴走的に強められることから生じる言動と解釈できます。この言動は、ある時飛び出すというよりも、常時その言動を示す傾向があります。一つの機能が暴走した場合、今まで長所だったものはネガティブな形で現れることになります。例えば、フィーラーが他者を配慮することについて暴走を起こしたら、利他的な行為の行き過ぎや自己のアイデンティティーの喪失を引き起こす可能性があります。実は多くの人間の短所は、長所の出すぎからも説明できるのです。このような機能暴走もまた、管理職やリーダーの問題行動につながる要素なのです。補償作用と機能暴走の二つの現象を頭に置きつつ、第四章（認知的機能について）と第五章（判断的機能について）をお読みいただければと思います。

子育てと心理的機能の向上

この各心理的機能の向上の試みは、子育てに似ているところがあるかもしれません。これらの要素は、私たちにとって四人の子供としても捉えることができるからです。親の目から見て、いい子はいます。しかし、四人の子供に対する愛情は変わりません。いろいろ問題のある子供についても、健全に育って欲しいという親心を持ちながら、すべてに愛情を注いでいるはずです。恐らく、この本を読み進める中で、特定のタイプの一人として自分を位置付けているあなたを発見することがあるかと推察します。影になっている機能について、他人行儀な態度や敵対する気持ちを持って読み進めたくなることもあるかもしれません。これは無理からぬことです。しかし、自分を特定のタイプの一人として位置付けるのをできる限りやめて欲しいのです。後ほど、四つの心理的機能の統合を目指す「機能の合一」を説明する中で出てきますが、あなたが特定の心理的機能と強い関係を持つことは望ましいことではありません。それは「機能の合一」という私たちが目指している目標の第一段階で躓くことを意味するからです。ぜひ、あなたの得意とする機能を一度あなたから分離し、客観的に理解することを心掛けてください。そして、この四つの機能の親の立場にあなたを位置付けながら、この本を読み進めていただきたいのです。すべての機能はあなたの一部なのです。

ところで、この本の中では、外向性・内向性と同じように、判定テストは用意されていません。テストがなくても、本書を読み進めながら、あなた自身の認知的機能ではどちらが強いか、また判断的機能ではどちらが強いかは、あなたが判定できることになるからです。また、四機能の内、どの心理的機能が一番影響力を持つ主要機能になり、どれが二番目に影響力を持つ補助機能になるかは、後ほど見分け方をご紹介いたします。まず、すべての心理的機能を理解するつもりで読み進めていただければと思います。あなたがあまり活用していない機能についても、あなたの一部であることを意識しながら読み進めていただければと思います。ともあれ、第四章（認知的機能について）と第五章（判断的機能について）では、二つの対立要素の機能に関係することについて、できる限り同時に論じたあと、マネジメントに関するフィードバックを提供します。そのフィードバックの中では、それぞれの外向性・内向性について論じた後、それぞれの機能を強みとする管理職あるいはリーダー向けに留意点を三点だけ選んで紹介していく形を取ります。

今後、センサー、インチュイター、フィーラー、シンカーについて、いろいろな角度からコメントが行われますが、それはそれぞれの心理的機能に強く偏った人についてのコメントということになります。ほとんどの方は、何らかの混合が起こっているため、想定している純粋なタイプは極めて特殊な例と考えることができます。それでは、認知的機能と判断的機能の両方において、探求を進めていきましょう。

第四章　認知的機能について

センセーション機能とインチュイッション機能

認知的機能は、情報入手に関わる機能です。感覚器官を使って具体的に認知していく機能（センセーション）と直感を使って認知する機能（インチュイッション）の二つの機能があります。センセーションは現実に存在しているものを、生理的刺激を通して捉える認知機能です。センセーションを発達させている人は、現実性が豊かであり、仕事においては地に足が付いた確実性の高い言動が目立ちます。一方、インチュイッションは直感を使った認知機能です。かなり複雑な状況下でもインチュイッション（直感）を使って、カギとなる部分を探り当てることができます。さらに、多くの予測活動や創造的活動はインチュイッションの力を借りて行われます。

ここでもう一度留意して欲しいことは、皆さんの中にセンセーションもインチュイッションも存在するということです。ただ、ほとんどすべての人が、どちらか一方の活用を得意としており、もう一方の活用を不得意としていることになります。無意識の世界についての説明でご紹介させていただいたように、不得意としている機能は無意識の世界に追いやられ、機能分化が遅れていることがほとんどなのです。私たち一人ひとりにとっては、センセーションもインチュイッションも共に重要な機能です。それを忘れずに、これら二つの心理的機能にかかわる要素を探求していきましょう。

感覚器官による認知と直感による認知

センセーションは、感覚器官を使って、現実を認知する機能です。これは生理的刺激を伴わないものを認知するインチュイッションと全く違った機能と言えます。まず、センセーション機能が強いセンサーの特徴を見ていきましょう。センサーは、目で見て、手で触って、耳で聞いて情報を入手していくことを得意とする、感覚機能が発達した人です。もちろん、匂いをかぐ、味わうという行為に長けている人もいます。まさに感知器の「センサー」そのものであり、存在するものを明確に感知することに長けているのです。自然を感じ取り、感動を抱くのもこのセンセーションから生み出されるものです。他者や状況をはっきり把握し、それらと一体化するような気持ちを持つのもセンセーションの働きから来るものです。ビジネスにおいては、視覚や聴覚が主に使われますが、仕事の内容によっては、鋭い味覚や臭覚を職業で活用するセンサーもいます。知覚機能を高度に発達させ、デザインや絵画などのオ能を開花させる人や芸術関係の批評家として活躍する人も出てきます。しかし、非常にユニークな要素を持った芸術活動ではインチュイッションの支援が必要になっていきます。ユニークな発想をむしろ抑える必要のある伝統工芸の世界で成功している人や写実的な芸術の世界で成功している人には、優れた知覚機能を使っているセンサーを数多く見出すことができます。また、研ぎ澄まされたような感覚や洗練された認知力として、センセーションが私たちの内部で機能することがあります。水の流れる音や虫の声、風の感触や空気の匂いに特別な価値を見出し、皮膚感覚や視覚を通じて対象と特別な交流を図るのもこのセンサーから来るものです。また、強くセンサーに偏った人たちは、小さな変化に気が付いたり、高い観察力によって、周りの人がまったく気が付かなかったことに気が付いたりするようなことが起こります。センサーは目の前で起こった現象や学習したパターンを明確に記憶しやすい特性を持つほか、経験も明確に記憶に残す傾向があります。従って、優秀な学習者になる可能性があります。

このような特性は、注意深さやミスの少なさにも直結する要素です。センサーの特性は、現実に対応したものなので、ビジネス環境で安定した職務遂行を実行する傾向を生み出します。これらは、多くの職場で歓迎される特性と言えましょう。センセーションを発達させた人は、「しっかりした人」、「きちんとしている人」という評価がなされる可能性があります。事実ベースの情報を基に言動や意思決定を展開するので、多くの人にとってわかりやすい人と言えます。さらに、センサーは結果に対しても敏感で、実利的な態度を示しますので、ビジネスとは相性が高くなります。特にシンキングと結びついた時は、ビジネス向きの実務能力を高めている傾向があります。その一方、起こっている現象や事実の把握にすべてのエネルギーが傾けられるため、直感的な要素は排除される傾向があります。

インチュイッションは直感を使った認知機能です。現実を見ながら、そこから発想が木の芽のように浮かび上がります。影に隠れているものや将来のあり方などを認知する力で、洞察力と表現することもできます。それは、あくまで一人ひとりの個人の頭の中で起こることですので、その認知したものをそのまま他者に知らせたとしても、多くの場合、他者を説得できないことになります。そこがセンセーションの強い人との大きな違いです。インチュイッターが生み出す多くの要素は現状から遊離した突飛なアイデアであったりするため、それをビジネスの中で有効活用することが難しいという側面もあります。ちなみに、インチュイッションに強く偏った人の中には、日常生活のかなりの部分が現実の認知からかけ離れている人もいます。日常生活の多くの部分が無意識的に展開されていて、このことに本人も気が付いていないことが多いのです。センサー傾向の強い人には、想像もできない事実ということになります。しかし、彼らが目的を持って集中し始めた時に、平均以上、場合によっては、とてつもない才能を発揮することがあります。

読者の皆様も、小学生の頃に落ちこぼれていた天才の話をどこかで聞かれたことがあるかと思います。なぜそのようなことが天才に起こってしまうのか、なかなか理解しにくいことです。発明家エジソン、相対性理論のアインシュタイン、そして芸術家としてだけでなく科学者として卓越した仕事をしたレオナルド・ダ・ヴィンチは、そのような落ちこぼれの良き例です。この三人に共通したことは、三人ともインチュイッションが強かったということです。彼らはインチュイッションが強すぎて、幼少時、センセーション機能を中心に活用する学校教育には馴染めなかった可能性があります。実際のところ、多くのインチュイターが初等教育か中等教育で落ちこぼれている可能性があります。極端にインチュイッションに偏った子供は、センセーションやシンキングを中心とする伝統的学校教育では、正常な生徒とみなされない可能性さえあります。インチュイターは現実を見るのですが、彼らの意識がすぐにそこから遊離し、別のものにエネルギーが照射されます。本質の洞察、時空を超えた予測活動、あるいは関係する事物に対する思考活動に移行してしまうのです。現実の奥にあるものや、その現象や事物がどうして生まれ、どうなるか、その他の関連情報に焦点を当てる思考の展開をします。もはや現実そのものは見ていないのです。このような生徒は、集中力のない生徒とみなされてしまいます。三人の落ちこぼれの天才は、若いころ、先生の話を聞きながら、視点は別のところに飛んでいて、先生が言ったことをほとんど認知していなかった可能性があります。先生から見れば劣等生ということになります。この本の読者の皆様にもそのような経験を持った人がおられると思います。場合によっては、何か特別な病名をつけられてしまった人がいるかもしれません。もちろん、インチュイッションによって把握されたことがいつも正しいというわけではありませんが、この心理的機能が創造的な発想を生んだり、新しい地平を切り開く発想を生んだりするのです。また、インチュイッションが生み出す予測活動、重要点を把握する鋭い嗅覚、ヴィションの構築、発明のアイデア、創造的活動、革新的アイデア等は、ビジネスにとって欠くべからざる力となります。別の言い方をすれば、このインチュイッションをほとんど活用せずにセンセーションに偏りすぎた組織は、重要なところで、洞察力や変革力、創造力を発揮することができなくなってしまうのです。

インチュイターがビジネスにもたらすメリットを理解してもらうために、例を出しましょう。私がコンサルティングでかかわった会社の内向性インチュイター/シンカー（内向性で主要機能がインチュイッション、補助機能がシンキング）の社員と彼の上司である内向性センサー/シンカー（内向性で主要機能がセンセーション、補助機能がシンキング）のマネジャーとの間で起こったことです。そのマネジャーの場合、はた目から見ていてもセンセーションとシンキングが強いことが観察され、本能的な直感はほとんどが喪失されているように見えました。彼が責任を持っているある製品群の売れ行きが芳しくないことに対して、彼は事実ベースの情報分析だけで対応していました。一方、インチュイター傾向の強い彼の一人の部下は、早々にある原因を見出していたのです。しかし、その部下の意見はあっさりと退けられていました。結局、三年以上時間が経過してからそのインチュイターの考えたことでアクションがとられ、それが大きな成果を生むことになるのです。そこで失われた時間とコストは莫大なものになります。インチュイターの考えていることがもっと早く真剣に検討されていたら、その会社は、大きな利益を享受し、マーケット上での位置づけが変わっていた可能性があるのです。しかし、そのセンサー／シンカーのマネジャーにはそれを感知することができませんでした。また、本田技研工業を興した本田宗一郎は、型にはまらない自由な思考を展開する典型的なインチュイターだったと言えます。そしてそのような人だからこそ、強い個性を持つ技術者を有する独創性の高い会社を生み出すことができたと言えます。同様に、アップルの創業者のスティーブ・ジョブスもインチュイター傾向がかなり強かったと言えます。個性的な美しさのある商品の開発の中で、インチュイッションが果たした役割は大きかったと言えるでしょう。新しい事業の展開や現代のように変化の大きな時代におけるビジネスの舵取りには、インチュイションを活用することも大切になるのです。ビジネスにおいて競争力を維持するためには何らかの形でインチュイッションを活用する必要があることを覚えておく必要があります。ちなみに、ユングはインチュイションを無意識的知覚、センセーションを意識的知覚とも表現しています。

センサーとインチュイターの意思決定

続いて、意思決定を見てみましょう。センサー傾向の強い人たちは、事実の把握力や実務的な能力について他者より高い能力を発揮する傾向があります。センセーションが突出している人は、具体的現象だけに焦点を当て、あれこれ考える不確定要素が少ないため、意思決定にきっぱり感とスピード感があります。事実というものは、ビジネスの中では最も価値のある要素であるため、センサーの事実や現実に焦点を絞った意思決定には説得力があります。センサーが知覚する事実は、様々な合理的判断力を必要としない要素であるため、意思決定はシンプルで素早くなります。

日本には、俳句という非常に短い詩の世界があります。この俳句の中では通常、センセーションで感じ取られた事実が表現されます。そして、その事実の羅列の中で、一つの完結した世界が描かれているわけです。それ以外のものは後から浮き上がってくるものです。センサーに強く偏った人にとっても、最大の関心事は事実であり、様々な価値観、心情的要素は、そのあとから付随するものであったり、捨象されたりするものになります。一方、フィーラーもシンカーも内面で吟味することが多く、事実を把握するだけで何らかの完結を得ることはできないのです。彼らは事実をスターティングポイントとしながら、自分の価値観に照らし合わせながら判断を進めていきます。

また、センサーはインチュイターと比較し、現実的態度で物事を推進していく推進力があります。その一方、危険や未確定の多い場面では慎重になります。この点、インチュイターは、ある程度の危険を顧みない冒険心を持っていることが多いと言えます。可能性に大きなエネルギーを傾けるのです。従って、危険を伴う新規ビジネスやプロジェクトに引き付けられ、力を発揮するのはインチュイターということになります。ユングは次のように指摘しています。

直感型人間〔インチュイター：引用者注〕は、一般的に認められた現実価値が見出されるところではなく、可能性が存在するところでつねに本領を発揮する。(1)

一方、センセーションに偏った意思決定には、他者の感情に対する配慮や波及効果の洞察不足が起こり勝ちになります。これによって、計画や戦略構築の段階で新しい可能性や人間感情への配慮不足が生まれ、実行段階で大きな問題に直面してしまう可能性があります。計画段階において、フィーラーやインチュイターとの協働が望まれるところです。

また、センサーは問題状況を直視できるセンスを持っています。新しい視点での問題解決は得意ではないものの、現実的な対応力があるため、頼りがいのある人材として認められる可能性があります。さらに、センサーは通常の学校教育の中で成功しやすい特性を持っているとも言えます。多くの学校や企業では創造性や発想力の発揮を評価しない関係で、学校や企業における評価や選抜において、センサーが優位に立つ可能性があります。

続いて、インチュイッションの強い人は、直感を使って、あっという間に意思決定を見てみましょう。インチュイッションの強い人は、

直感を使って、あっという間に意思決定ができてしまう傾向があります。センサーと同様、スピード感があります。インチュイッションはその基本特性から、シンキングとフィーリング機能を超越した存在になってしまいます。つまり、情報処理系を通さなくても瞬時に洞察ができてしまう可能性があるからです。これはユングも指摘していますが、強くインチュイッションを発達させると、センセーションだけでなく、シンキングとフィーリングにかかわる機能まで抑え込まれてしまう可能性があるのです。正にインチュイッション一本槍の状況です。これはあまり健全なこととは言えません。一方、インチュイッションとシンキング、インチュイッションとフィーリングの組み合わせが、通常では得にくい素晴らしい洞察力につながります。インチュイッションとシンキングが結び付いたときは、思考の深耕化と新しいひらめきがコンビネーションになって出てくることがあり、それが科学技術的な発見や発明、奥深い歴史的解釈や状況理解などにつながる可能性があります。インチュイッションとフィーリングが結び付いたときは、他者の感情への洞察力が、際立って高まる可能性があるのです。相手の本音や、相手が自分のことで気づいていないことまで感知してしまうことがあります。ともあれ、インチュイターは、計画的にシンキング、フィーリング、センセーショ

ンを強化する気持ちを持つことが特に重要になります。他の心理的機能とのコンビネーションを実現することで、他の心理的機能が強い人には決して真似のできない卓越した仕事ができる可能性があるからです。

　一方、直感で大きなものを獲得したあとは、情報処理過程で特に時間のかかる分析的なシンキング回路を通りにくいところがあり、それがフィーリング回路に一挙に流れてこんで、情動の暴走や衝動性を生み出しやすい傾向がありますので、注意が必要です。インチュイターは、衝動的な意思決定や情動の暴走をする可能性があるのです。衝動的な態度の例を挙げれば、準備不足を分かっていながら、内部から突き上げられるような感覚を持ちつつ、とりあえず前に進んでしまうようなことを平気でしてしまうことがあります。このような言動は、現実的な視座を持ったセンサーには考えにくいことです。もし心当たりがあるときは、自分自身の制御を真剣に考える必要があるといえるでしょう。一つの解決策としては、やはり現実に対する観察力を鍛え、現実を十分に意思決定のプロセスに取り込めるようにすることです。それによって、事実情報をベースにした判断力が鍛えられ、衝動的な態度は抑えられていきます。

　ちなみに、極端にセンサーに偏った人は、創造性を発揮することができなかったり、具体性や現実性のないものを毛嫌いしたりするなどの現象を起こしますが、創造性など一部の能力に機能不全を起こしながらも、職場では、あまり目立つことなく社会生活を営むことができます。一方、インチュイターに極端に偏ってしまうと、現実逃避性や不注意などの比較的目立つネガティブな要素が表面化し、問題として指摘される可能性があります。従って、ビジネスの中で力を発揮し、生き残っていくためには、インチュイターは日常の小さな行動を意識化して、注意していく心がけが必要になります。逆に、センサーはそのような弱みが目立たない特性があるがゆえに、向上が難しくなる側面がありますので留意が必要です。

対象を認知しただけで納得するということ

人間には、行動に移る前に、何らかの価値観や根拠を持って判断を行うグループと、対象を見ることで何らかの納得を得て、行動に移るグループが存在します。前者に属するのはシンカーとフィーラー、後者に属するのがセンサーとインチュイターということになります。センサーの場合は、存在するものが目に入ってくればその事実を捉え、意識化し、納得して次の行動に移ります。センサーにとっては、事実・現実が何よりも確かなものであるため、それに即した行動をとるのです。ちなみに、この事実・現実には数字も含まれます。売り上げ、利益、顧客満足度、生産量、不良率、利益率など、経営指標になっているすべての数字は現実です。気温、電気代、電話代、家賃などの数字も現実です。実際のところ、センサーから見ると、多くのビジネスの現場では、現実や事実は大きな力を持ちます。それがどのように生じてきたものであろうと、事実は強いからです。例えば、多くのビジネスで、売上高という事実はその担当セールスが働いている時間や働き方よりも強い意味を持っています。ビジネスにとって、結果や事実の持つ意味が大きいからです。従って、事実・現実を睨んで行動するセンサーのスタイルと現実的態度はビジネスの中で高い評価を受けることが多いと言えます。そのほか、現実的になることは、主張も現実的となり、それが指導者的な役割につながることもあります。例えば、避難が必要になるほどの大きな災害が起きたとします。その時、その災害の被害状況を捉えて、より安全な所に素早く避難する計画を立て、実行に移そうとする人がいます。これはセンサー的な発想です。シンカーは安全と思われる場所が本当に安全なのか、避難プロセスはどのようなものにすべきか、移動をスムーズに進める方法等、いろいろと時間をかけて検討したくなる可能性があります。フィーラーは関係者や関係団体の立場や状況、都合などをあれこれ忖度する可能性もあります。インチュイターは、非現実的な選択肢をいろいろ検討するかもしれません。様々なアプローチがある中で、現実的なセンサーの発想は判りやすく、支持も受けやすい可能性があります。結果的に、センサーは状況をリードする役割を持つことにつながっていくことが多いのです。センサーは自分と同じことができない他者が意外に多いことを知り、自信を深めたり、権威あるものとして自分を位置付ける使命感を持ったりします。

続いて、インチュイターを見てみましょう。インチュイターの場合は、対象から洞察されたものを掴んで納得して意識化します。このような洞察は、対象を受け止めた時に、速やかに起こってきます。洞察が対象から芽のように浮かび上がってくるのです。そして自らが洞察したものに対しては確信を持つため、インチュイターは洞察が起こった段階で納得を獲得し、行動に移していきます。洞察でつかみ取ったものは、論理性や合理性、好き嫌いなどを基にした判断過程を通す必要性を感じません。思いついたり、ひらめいたりしたことは確信につながり、彼らに言わせれば、もう答えが出ているのです。従って、現実のビジネスの場では、インチュイターは、彼らの洞察を裏付ける要素を後から探すために努力しなければならないことが多いのです。このあたりのセンサーやインチュイターの思考の動きは、シンカーやフィーラーにはなかなか理解しにくいものとなります。

洗練された感覚と真実を見通す直観力

センサーは、対象となる他者や事物をしっかりと把握し、対応していく力を持っています。従って、センサーは現実性や確実性が高く、人によっては、洗練された感覚を使って活動することがあります。対象を認め、感じ取り、感動を持ち、対象との関係を深めながら仕事をしたり、生活をしたりする言動につながっていきます。直接観察できるものに対する関心を高め、耽美的な価値観を示すこともあります。ユングはそこには、支配欲は存在しないことを指摘しています。実は、日本人には、このようなタイプのセンサーを多く見出すことができます。

日本語には他の言語では想像もつかないほど多くのオノマトペが存在します。虫の声や何かがぶつかり合う音も、うまく言葉で描写しようとする文化を持っています。事物や感情、状況や状態までも、一度体を通じて受け止め、音の感覚として表現することに長けている日本人は、洗練された独特なセンセーションを発達させている珍しい民族ではないかと思われます。このような細やかな感覚を活用して、製造現場における小さな変化やビジネスの現場でのお客様の小さな反応を認知し、それに対応することを得意としている日本人は多いのです。洗練されたセンセーションは日本のビジネスにおいて、効果的に活用されていると言えます。

続いて、インチュイターですが、インチュイターは独特な眼力を持ち、本質やポイントを掴む能力を発揮する傾向があります。そして、インチュイターにはどことなく遊び心が漂います。このように、真実を見通す洞察力と遊び心がコンビとなってインチュイターの言動を形成していることが多いと言えます。インチュイターは、自由を愛し、規制されることやコントロールされることを嫌います。外向傾向の強い人は、会話の中で遊び心を発揮し、楽しい会話を展開するセンスを持っています。相手の反応や感情を先取りし、機転を利かせた会話をリードできる才能を示します。それを実現している背景には、相手の気持ちや状況に対する洞察力など、隠れた要素を見通す力の存在があります。その洞察力を基礎にしながら冗談や刺激的な会話を組み立てることができるわけです。内向性の強い人は、知的な探求の中で洞察力が発揮されます。隠れたところにある真実を見通す力を活用しているわけです。実際のところ、偉大な研究者や発明家の中に内向性インチュイターが多く発見できます。彼らは、真実を見通す力を起点として、研究や探求的な仕事を、遊び心を持って進めているのです。このようなインチュイターの特徴はしばしば目の輝きに現れることになります。悪戯っ子のような目の輝きを持っているインチュイターはかなり多いのです。このような精神が自然科学や人文科学の分野の研究の影の貢献者になっている可能性があります。ビジネスにおけるこのような遊び心は、ユーモアの精神として現れることもあります。ビジネスに関する現実的なスピーチの中に輝くようなユーモアを含める精神はインチュイターの支援がなければ実現できません。

自信の暴走と直感の暴走

その一方、センセーションもインチュイッションも暴走的な動きをすることがありますので、それについて、触れてみましょう。実は、センセーションを高度に活用し始めると、センサーの特性に変化が起こることが知られています。ユングはこの変化のプロセスについては詳しい説明はしていませんが、現実を認識する高度な能力を持つことが、特に競争的な学校の環境やビジネス環境でセンサーに自信を強めさせる傾向が見えます。実際のところ、センサーから見ると、多くの他者は現実的視座を欠き、頼りなく、非効率に見えるのです。それに対し、今までの説明の中にあったように、現実を明確に把握するセンサーの力は、大きな自信につながっていきます。そのような経験を繰り返す中で、その自信が、他者や状況、事物に対する支配的な性向や自負心に変化することがあります。このような支配性はもともとセンサーの機能には含まれていないものです。しかし、本人が持つ現実的な視点が、他者の支配や統制を志向する、新しい性向を生み出していくことがあるわけです。多くのセンサーは、生活の中、および学校や職場環境の中でこの変質を経験することになります。もちろん、自信を持ちながらも、それを支配性が出るところまでは拡張せず、対象を明確に認識する現状認知の能力や耽美的特性を主に維持しているセンサーも数多く存在します。特に、補助機能にセンセーションを持つ人は、現実の認識能力の部分を強く保持しながら、強い自負心や支配性を発達させていない人が多く見受けられます。

　ともあれ、センサーにはゆったりとした自信を持って、現実的な視点で仕事を展開したり生活をしていくタイプと、現実的視点やスキルを発達させ、自負心や支配性を発揮するタイプの二つのタイプが存在するのです。前者は、人や物事に焦点を合わせる力を有し、現実の中の人や事物との出会いを大切にする精神があり、豊かな友情を育てたり、美しいものを収集したりする側面があります。そして、支配欲を持たずに、他者を尊重して関係づくりをしようとします。このタイプのセンサーは、表面的には、支配性を高めた後者のセンサーと全く違ったイメージを持っています。しかし、ストレスがかかった状態では未熟な支配性を発揮することがありますので要注意です。ともあれ、センサーが発揮する支配的な性向は、センサーが二次的に獲得した要素であることを忘れてはなりません。

インチュイターがビジネスの分野で留意すべきことは、遊び心の出すぎです。冗談が多すぎたり、見た目から何か風変りな雰囲気を漂わせたりする可能性があります。風変り性が通常の常識のレベルを超えてしまっているときは、ビジネスのシチュエーションではある程度調整をすることが必要になってきます。また、インチュイターは風変りな部分が突出して、場合によっては非誠実な雰囲気を生み出す恐れがあります。風変りな雰囲気は、一般社員としては注意した方が良い場合があります。ちなみに、本田技研工業の創業者である本田宗一郎は、明らかにインチュイターが強い方で、風変りな雰囲気を漂わせていたことで有名です。これは、創業者であるがゆえに許されていたことと言えましょう。

観察力と洞察力、二つの重要な力

多くのセンサーは観察力が高い一方で、洞察力は発達しないままになっている傾向があります。センサーは、外側にあるものや外側から来るものを感知する能力に長けていますが、内側から湧き出るものや内面に隠れているものを洞察することは得意ではありません。この洞察力には、事業や状況の核心とでも言うような重要なポイントへの気づきも含まれます。ユングは、センサーは対象の「魂を見ない(2)」と看破しています。このあたりは、注意が必要です。センサー傾向にかなり偏った人は、時代の背景にある重要な要素や表面には顔を出さない「底流」、「本質」、「本音」、「陰謀」などを感知するセンスが低く、これらが大きな失敗や機能不全、競争力の低下につながる可能性があります。このような要素は、管理職やリーダーとしての限界、さらにセンサーによって経営されている組織の限界を作り出す可能性があるため、留意が必要です。センサーがインチュイッションを使った思考を展開する時は、使われるインチュイッションは分化の遅れた太古的なインチュイッションであり、危険性や最悪の状態を察知するような暗い内容を持つことが多くなります。また、具体性のないことにエネルギーを傾けることを嫌う傾向が見えます。このような特性は現状維持的な思考を自然に生んでしまいます。これらは、発達の遅れたインチュイッションが生み出す特性であり、インチュイッションの補償作用としてセンサーの意識に飛び出してきたものとしても理解することもできます。また、ある表にまとめられたデータを見た時に、それをそのまま受け入れながら現実的な対応策を考えるのはセンサーですが、インチュイターはそのデータの背景を知ろうとします。逆を言えば、センサーもインチュイターもその逆の発想を持つことはあまり得意ではないのです。

感覚器官を使ったセンサーの認知力は多くの人に同意を与えやすいメリットがある一方、直感によるインチュイターの認知はあくまで主観的なものとして受け入れられる可能性が高いため、説得力を持つことが難しくなります。このことによって、ビジネスや教育においては、センサーが圧倒的に有利な立場に立つことになります。しかし、センセーションはあくまで表面化されたものを捉える力であり、仮にインチュイッションが全く発達していない場合は、可能性や本質、あるいは他者の本音を探る力が閉じられています。ビジネスの世界でも表面的な偽情報に惑わされる可能性があります。本質を見抜く目を持てないまま、与えられたものをそのまま受け入れ、場合によっては騙されたり利用されたりすることから抜け出せない人や会社を作ってしまう可能性があります。実際のところ、多くの人が様々な分野で表面的な部分だけを見て納得してしまう傾向を示しています。多少変わり者と思われながらも、インチュイッションを機能させることが必要な場面は多いのです。記憶を中心とした教育、良くてパターン記憶で済む問題を与え、クリエイティブに考えることを必要としない教育、新しい発想を評価する機会を持たない教育は、変化の時代にあって競争力を低下させてしまう社会を創出すると言っても良いでしょう。私たちは、センセーションもインチュイッションも共に発達させる必要があるのです。

その他、観察力を背景にしたセンサーが持ちがちな変わった特徴を紹介すれば、特に外向性の強い人は目で見えるものに価値を置くため、外見を重視する傾向が出てきます(3)。外見を重視し、自分自身も良い身なりをすることが多くなります。したがって、目で見て、自信なさげに見える謙虚な言動をとる人には、どれだけ優れた人物でも、それだけの理由で価値を置かない傾向があります。これは、人材活用上、大きな判断ミスにつながる可能性があるので、覚えておきましょう。さらに、自分の言動でも外見を重視し、ハッタリ的な、浅薄な言動をとる可能性も出てきます。インチュイターの場合は外見だけでは評価しようとはしません。彼らはどのような人間なのかを言動をベースに探ろうとします。

また、特に外向性センサーは、対象から強い影響を受けるため、他者の話や説明を信じやすい一面もあります。外向性は一般的に他者を信じやすい傾向がありますが、センサーは特にこの傾向が際立っています。このような傾向がある人は、詐欺などに引っかからないように留意する必要があります。同様に、他者の操作的言動にも注意が必要です。そして、このようなことを経験していると、自分もまた操作的言動を使う人になってしまう可能性もあるので要注意です。操作的言動、相手を罠にかけるような言動はインチュイッションの発達した人や経験の豊かな人によってすぐに見抜かれてしまい、それによって、信頼感は完全に失われることになります。

最後に、センサーの持つ特色として挙げておかなければならないことは、センサーがつかむことが不得手な現実もあるということです。それは、自分自身です。どういうわけか自分を見つめることができないセンサーが多いのです。自己を成長させるためには、自己認識が不可欠になりますので、留意が必要になります。

過去を見つめる心と未来を見つめる心

センサーは、事実をベースにした情報によって行動が喚起されます。そのため、地に足の着いた現実性の高い意思決定に貢献することになります。しかし、現実は過去の活動によってもたらされたものであることを忘れてはなりません。つまり、今を見ている人は過去を見ているのです。現在のような変化の大きい時代では、変化を読みこむことが必要になってくるため、センセーションだけでは機能しなくなることを意識する必要があります。過去の事実や経験を基にした対応策や改善策を考えることも重要なことですが、多くの場合、そのような思考からは革新的なものが生まれにくいのです。センサーは、過去の在り方を否定する必要がある時に、過去に縛られる発想を展開する可能性があるのです。

一方、インチュイターは現実に縛られない自由度のある発想を展開することができます。そこで生まれる発想は非現実的に見えたり、実際に実行性が難しいものであったりする可能性がありますが、そのような案の中に革新の種が隠されている可能性があることを忘れないようにする必要があります。また、このような特性から、インチュイターは古い秩序を壊す役目を果たすことがあります。このような秩序の破壊は、大きな苦労をして、本人も傷つきながら果たされることもあり、現状を見つめるセンサーと比較すると損な役回りをすることがあります。しかし、人類の進化にとって、そのようなインチュイター的な発想は欠くべからざる要素となっているわけです。ちなみに、インチュイッションが生み出す革新性や創造性はセンセーションを含む他の全ての心理的機能に真似ができないものです。後ほど見ていきますが、判断的機能であるシンキングとフィーリングは、共に枠組みに沿った安定した機能であるため、枠組みを壊すようなインチュイターの機能は活性化しにくいのです。

もう一つの興味深い面は、アイデアが出来上がった後で、それを具現化していく力は圧倒的にセンサーが強い傾向があることです。良いアイデアを出したインチュイターは別のところに意識が飛んでしまい、実行に移す力が発揮されないことが多いのです。このことは、インチュイターが常に留意すべき点と言えましょう。

機能としてのセンセーションとインチュイッションは、組織を成功させるためには真の協働が図られる必要があります。センサーとインチュイターがお互いを尊重し、お互いから学び取る気持ちを忘れないようにすることが、組織に長期的成功をもたらす条件と言えます。そして、一人の個人として、このセンセーションとインチュイッションを融合させることができれば素晴らしいわけです。今まで読み進められてこられて、センサーにもインチュイターにも素晴らしい面がいろいろあることに気が付かれたのではないでしょうか。センサーにもインチュイターにも魅力があるのです。ぜひ、その感覚を忘れないようにしてください。私の知人には、センサーとインチュイターの両方の特性を高いレベルで発揮している人がいます。彼の場合は、内向性も外向性も融合させています。このような人物は実際に存在するのです。

センサーへのマネジメント・フィードバック

センサーの外向性と内向性

センサーの外向性と内向性はだいぶイメージが変わります。外向性センサーは自分の持つ確信や自信をそのまま表面に表す傾向がありますが、内向性センサーの場合は、それらを内面に成熟させており、表面に表さないことが多いと言えます。外向性の人は、キッパリ感が光るのに対し、内向性の人は堅実性が光ります。外向性センサーがスピーディーに動くのに対し、内向性センサーはジックリ型で持続型になります。ただ、両者とも現実に対するしっかりとした視座を有しており、現実に根差した意思決定を展開します。確実な処理を展開する必要のある専門職種や伝統工芸にいそしんでおられる方々には、比較的多く内向性センサーを見出せます。一方、多くの会社組織で外向性センサーの管理職やリーダーを見出すことができます。外向性センサーは、特に内向性から学び、内向性の要素を少しでも醸成することで、外部の要素からの独立や自律を獲得できます。

外向性センサー

外向性センサーは、最高度の事実の把握力を有するタイプと言えます。実務の場では、現状把握能力をベースにした妥当性の高い判断力を示し、自信を持った言動をタイムリーに示す傾向があります。現実的な視点で、妥当性の高い判断を展開し、しっかりとした仕事を実行する外向性センサーが多いのです。外部の対象に関心を向け、現実的に受けとめるセンスがあるため、人に対してもそつなく対応したり、関わりを持ったりしていくことができます。外向性センサーの中には、人との付き合いを楽しみ、美を追求したり、趣味を持ったりして、調和的な生き方や仕事の仕方をする人たちがいます。一方、現実や事実の持つ力を意識し、現実の把握力に長けている自分の能力に自信を深める傾向を持った人たちもいます。この自信が強まりすぎると、自負心や自意識をベースに支配的な発想で他者に関わる人が出てきます。仕事ぶりはきちんとしていますが、ストレスがかかると、自己中心性や未熟な態度が表出する傾向があります。人の評価については外見の印象に引っ張られてしまう危険がありま す。また、思いがけないほど他者を信じやすい傾向がありますので要注意です。流行に敏感で、表面的なものに流される傾向もあるので留意しましょう。内向性インチュイッションが影になっており、創造力や要点洞察力に隙が生まれる可能性があります。支配性が表出されている場合は、謙虚な態度を持つことや、他者を信じて責任を持たせること、自己認識を高めることを心掛ける必要があります。また、部下に対する利他的態度の醸成、内向性要素の拡大、他の心理的機能の優れた点を理解すること等を通じて、言動に厚みを加えていくことが望まれます。

J・F・ケネディー、ドナルド・トランプ、俳優のウィル・スミスは外向性センサーの傾向を示しています。

内向的センサー

内向性センサーが得た情報は、一つのイメージとなって内面に移行します。得られた対象を、経験として積み上げていく傾向があります。そして、経験知をベースに抽象化して作り上げた方法論が内部基準となり、それを基礎に、落ち着いた対応をしていく言動を示します。外向性センサーとだいぶ違ったイメージを有しています。強いインパクトではなく、じっくりとした堅実性と落ち着きが外部から観察されることが多いのです。強い行動力というより、安定した持続力が目立つと言えます。現実的視点、事実ベースの仕事ぶりは外向性センサーと大きな違いはありません。しかし、堅実性・着実性を持ち、地道な態度で確実に成果を積み上げていく傾向があります。安定性があり、ブレがありません。特殊技能を持つ多くの人にこのタイプを見出すことができます。人と交流するより、物思いにふけることが多く、他者にはわかりにくい存在です。内向性が強すぎるときは、コミュニケーションの不足や外側からの影響を避けるために孤立性が目立つことがあるので要注意です。外向性インチュイッションが影になっていて、洞察的なことは得意ではなく、暗い予測に支配されがちになります。最悪の状況など、暗い面ばかりを考え勝ちとなる傾向を示します。従って、保守的な傾向が言動の中で目立つようになります。マネジメントの状況では、コミュニケーションの頻度を増やすことが特に重要になります。定期ミーティングや個別ミーティングを計画的に多めに設定して、部下との交流を深めることを推奨します。実は、このコミュニケーションの問題が内向性センサーのマネジメント上の問題として浮かび上がることが圧倒的に多いのです。ですから、真剣な対応が必要です。部下に関心を抱き、会話にエネルギーを傾けましょう。表情の作り方についても研究をしてみましょう。その他、インチュイターとも交流し、柔軟な発想や要点洞察力の向上、広い視野や全体感の醸成を心掛けましょう。

俳優のブルース・ウィルス、アマゾン創業者のジェフ・ベゾフ、投資家のワーレン・バフェットは内向性センサーの傾向を示しています。

センサーの三大留意点

センサーには素晴らしい価値がある一方、それが強く出すぎることによって、幾つかの問題を生み出すことがあります。実は、マネジメントの現場で表出される一番大きな問題は、インシュイッションの不足から来るというより、センサーが生み出す驕りから来るものなのです。

センサーの留意点1：自信の拡張

センサー傾向の強い人の大きな問題点としてしばしば表出するのは、自信の拡張、自我意識の拡張です。実際のところ、センサーが感覚器官を通じてつかんだ情報は、絶対性のあるもので、その事実は、どんな理論や説明よりも説得力のあるものになります。事実は事実でありそれが真実であるからです。センサーから見ると、周りの人は現実に即した対応ができない能力の劣った人のように見えてしまいます。現実や事実だけに焦点を絞る傾向のある自分自身は、迷うことも少なく、明確に意思決定を展開できます。このような経験を通じて、知らず知らずのうちに権威主義的な優越感を積み上げていくことになります。結果として、支配的、闘争的性向を持つことがあります。特に外向性傾向の強い人にこの傾向が強く現れることになります。何事に対しても、パワーで押す傾向を持ちやすいので要注意と言えます。つまり、人を動かす際に、ポジションパワーや専門知識に頼りがちになるわけです。結果的に部下のモチベーション喚起に疎くなり、十分なリーダーシップを発揮できなくなる傾向があります。

リーダーシップとは指示したり命令したりすることではなく、ビジョンを魅力的に示し、他者を望まれる方向に向かって動かしていく影響力といえます。そして、部下達や他者を鼓舞し、やる気を持たせ、主体性と自律性を持ったチームを育てることです。そのためには、センサー自身の自意識を調整することが重要になります。ポジションパワーと専門知識を頼りにマネジメントしているうちは、決して一流の組織を作ることはできません。自我をある程度調整し、他者のために心を砕くような要素を身に着けることができなければ、リーダーシップの発揮は難しいと言えます。ともあれ、周りの人は、センサーが見ていないものを見ていることを理解してください。そして、世の中は現実的視座だけでは対応できない複雑性があることを理解してください。それによって謙虚な気持を持つこと、それがセンサーの向上のための第一歩となるのです。

また、センサーは、事実ベースの情報や期待されるメリットなどを基にコミュニケーションをしていきますので、基本的に説得力のある言動をとることが多いと言えます。特に、シンカー要素が加わることにより、さらに説得力は強まっていきます。しかし、現実だけをみる思考には、魅力あるビジョンが欠けていることがあります。また、センサーのコミュニケーションは、自信を持って進める傾向がありますが、相手を巻き込む発想が十分でない場合は、一方的な説明に偏る傾向がありますので要注意です。また、フィーリング機能が十分に発達していないケースでは、相手の気持ち、聴衆の気持ちを掴み忘れる傾向があります。相手が満足したり、相手から支持されたりすることよりも、自己満足を目標にした活動が多くなり、十分なリーダーシップを発揮することができないケースが目立つことになります。また、お客様や競合の気持ちを理解することができなければ、策定する計画や戦略の質が下がってきます。自分の立場からメッセージの内容ばかりに気を取られているケースでは、多くの場合説得力を発揮することはできません。魅力的なアイデアが含まれているか、相手が受け入れたくなる内容や準備をしているか、論理的には整合性があるのかなど、センセーション以外の心理的機能の分野を十分に吟味することが必要になります。

また、センサーは、軽いストレスをきっかけにして、攻撃的な言動で相手に対応することがあります。外向性でも内向性でも同じ傾向を示します。相手に問題行動があるのなら、相手と話し合い、相手を理解し、相手と共に改善方法を考えていくスタンスを持ってください。ストレス下での自分の特性についての理解を深めるだけでもかなり改善効果が出てきます。センサーに関しては、外向性の強い人も内向性の強い人もハラスメント言動に対する注意が必要ですが、特に、外向性の人はくれぐれも注意してください。また、補助機能がシンキングに傾き、フィーリングを未分化にしている場合は、特にハラスメント言動が顕著に表れる可能性があります。場合によっては激情に支配される最悪の言動が表れる可能性もあるので要注意です。このハラスメント言動は、部下のやる気を引き下げ、暗い職場環境を創出し、活力のない組織を作る原因となっていきますので、留意が必要になります。

センサーの留意点2：直感力、要点把握の不足

ユング理論でいうセンサーの影はインチュイッションになります。そして、このインチュイッションを影にしていることから、実はいろいろな問題が生じています。端的に言えば、

直感利用に関する機能不全であり、これは本人が自覚しにくいものです。創造的なアイデアが浮かばなかったり、問題状況の核心を見出せなかったりすることがあります。また、先が読めない、波及効果が読めないなどの傾向が出てくることもあります。具体性のない抽象的なことを考えることに毛嫌いを覚えるケースもあります。そして、予測をする際に、暗い予感に支配される傾向があることから、新しいことへチャレンジすることを否定し、現在存在する具体的なアイデアに支配される傾向も出てきます。言うまでもなく、これらは分化の遅れたインチュイッションの姿であり、補償作用で飛び出してきた現象としても見ることができます。このようなことから、現在、具体的な形を持たない創造的な部下のアイデアをつぶす傾向も出てきます。これらのネガティブな要素に対する対応としては、まず自分を良く理解し、他者の優れた特性に目を開き、彼らと協働する習慣を持つことが大切です。そして自分の内面のインチュイッションを成熟させるために、日ごろから、予想や先読み、ビジョン構築など、形のないものにエネルギーを使うことも役に立つでしょう。自分の視点に巨視性や通時性を入れ込む努力も必要になります。もう一つ、現実的であるということは、すでに言及したように、過去を見ているに過ぎないことを強く意識することが必要です。過去の積み上げとしての現実だけでなく、未来にもエネルギーを傾ける習慣を持つことが重要になります。

影の心理的機能を発達させることは、どの心理的タイプの人でも大きな苦労をするわけですが、センサーがインチュイッションを発達させることが最も難しいチャレンジの一つと言われています。従って、個人としての心がけの他に、インチュイターと共に働くことを強く推奨することができます。インチュイターのパートナーや部下のインチュイターから意見を求めるなどして、インチュイターの思考を見出していくやり方です。もちろん彼らの見解には異質性を感じるでしょう。それをそのままの形では受け入れられないこともあるでしょう。しかし、あなたの統合的な意思決定に何らかの影響を与えていくはずです。実は、これは多くのセンサーによって実践されていることですので、参考にしてみてください。

センサーの留意点３：動機づけられない

センセーションは五感で感知できるものに対して現実的な対応をしますが、目には見えにくい部下の心情を理解し、部下を動機付けることが苦手であることが多くなります。他者の感情は、本来はセンサーの対立機能ではないのですが、五感で感じにくいものであるために、特に表情やジェスチャーなどで表現されていない感情を認知する力に弱点を持つことがあるのです。センサーに強く偏った管理職はしばしば統制管理を中心にして他者を動かそうとします。仕事を指示することが自分の重要な仕事と考えるセンサーが多いので要注意です。確かに、パワーを持ち、給与をコントロールしている人は、一方的命令で表面的には人を動かすことができます。そのような人は、動機付けは部下の達成したことに対するボーナス金額と昇進だけで行おうとします。しかし、人が金銭だけで動かされないことは、現在では一つの常識になっています。金銭に頼ることは金銭を目的とした行動を生み出すだけであって、決して仕事に動機づけられ、価値ある成果を生み出すことにはつながりません。人間という対象を効果的に活用するためには、いろいろできることがあるのです。人は、他者から与えられたものに対して動機づけられることはほとんどありません。ですから、仕事を与える時は、なるべく多くの情報を共有し、目標設定に部下が主体的態度をできる限り高めて関われるように工夫することが重要なポイントになります。さらに、部下に成功の経験を与えることが、動機付けの重要な要素になります。管理職の仕事は、部下に成功の経験を持ってもらうために日々支援することが含まれています。自分が想定した通りにオペレーションが進むという面に偏らず、部下への支援や部下を育成する活動をしながら、部下を成功に導くのです。また、あなたが部下を大切にしているという実感を部下に持ってもらうことは、彼らの動機づけに極めて大きな効果を生み出します。日ごろから部下を見つめ、彼らの存在に気が付いていることを部下に感じてもらうのです。また、部下ができることは自分の権限を委譲したり、部下の成長を睨んでチャレンジングな責任を与えたりして、部下が生み出す成果を拡大していくことが必要になります。部下を動かすということは目に見えにくいものを扱うことであり、一部には利他的な精神も必要になります。このような利他的な精神を持つだけで、センサーはより活性化された組織を作れるようになることを覚えておくと良いでしょう。

センサー傾向の強い方が持つべき小さな心がけ

①自分が認知していないものを他者が認知していることを自覚する。
②謙虚な態度を持ち、他者への感謝の気持ちを持つ。
③できる限り他者の意見を聞き、学び、かつ協働する。
④インチュイターと協働したり、波及効果や展開の予測活動を習慣化する。
⑤顧客、部下、関係者等の立場から考え、気持ちを理解しようとする。

インチュイターへのマネジメント・フィードバック

インチュイターの内向性と外向性

インチュイターは、外向性と内向性でイメージは大きく異なっています。外向性の強い人は、交流感が高く、機転を利かせた会話をリードできる才能を示します。コミュニケーションを盛り上げるセンスを持っており、相手の本音や反応なども洞察し、楽しい会話を構成していきます。周りから見ていると、言葉の発信も多く、楽しい会話で相手を巻き込む独特なセンスを見出すことができます。内向性の強い人は、創造的精神を活かし、開発作業や研究的な業務で力を発揮することがあります。共通要素は「遊び心」です。内向性の強いインチュイターは、企業の研究室にも見出すことができます。研究者や開発者にはインチュイッション機能を発達させている人を数多く見出すことができます。

外向性インチュイター

外向性インチュイターは、他者や事象を観察し、洞察力によって、他者の持つ本音や事象の本質、可能性や将来の在り方を直感的に把握します。その直観や洞察力を生かし、特にフィーリング機能を発達させている場合は、他者の心情に対する洞察性の高い言動を展開して、コミュニケーションを盛り上げます。会話の中からインスピレーションを得て、獲得した洞察をすぐに他者と共有したくなる傾向も示します。コミュニケーションの裏を読みとり、奇抜な話題展開を思いつく傾向があり、楽しい会話を展開します。他者を巻き込むことが好きで、対人交流について特異な才能を発揮する傾向があります。シンキングを発達させている場合は、新しい視座からのアイデアを生み出す傾向があります。好奇心にあふれ、優れた発想を展開し、ビジネスに活力を与える役割をすることがあります。また、他者に積極的な影響力を与え、大きな革命の立役者として活躍することもあります。また、ユーモアを生み出す才知も働く傾向があります。それが他者との積極的な交流になって現れます。一方、定型作業は嫌いで、拘束されることも嫌います。新しい可能性に敏感で、刺激のない現在の状況を牢獄と捉え、常に新しいアクションを取る傾向を示します。これはとても重要なことですが、内向性センサーから現実的視座と辛抱強さを学ぶ必要があります。現実性が付け加わった時、外向性インチュイターはビジネスの中でビジネス計画や企画等を任せられる貴重な存在になっていきます。

俳優のロビン・ウイリアムズ、GEの元CEOジャック・ウェルチ、フィデル・カストロは外向性インチュイターの傾向を示しています。

内向性インチュイター

内向性インチュイターは、直観で得られたものを自分の内側の世界に運び込み、自分の内面にある価値基準をベースに、確認したり立証したりすることに力を傾ける傾向があります。ひらめきを獲得したり、ものごとの本質をつかみ取ったりする力を発達させている傾向があり、ビジネスの世界では開発的な業務、研究的業務で力を発揮する人が多いと言えます。シンカー要素が比較的に発達している人は、新しい洞察、発明、発見、新しい世界の確立などにつながる活動を展開していく可能性があります。探求精神が旺盛ですが、表向きには内部のアイデアが形になるまで知られることがないため、他者には理解されにくい人と言えます。多くの社内発明はこのタイプによってなされています。フィーラー要素が比較的発達している人は、カウンセリング等で特異な才能を発揮する可能性がある他、小説家などとして成功する可能性を有しています。また、内向性インチュイターはコミュニケーションの場面で、相手の言葉に焦点を当てずに、別のことを考える傾向が特に強いので注意が必要になります。また、具体的対象をつかみ、そこにリビドーを当てる力が発揮されない傾向が強く、現実生活や仕事の上で「失念」などが問題になることも起こりえるので要注意です。仕事上の自己管理を促進するためにも、行動計画やレポーティングなどを、なるべくわかりやすく提示することを心がけましょう。外向性センサーから、現実に焦点を当てる態度などを学ぶことによって、あなたの価値は大きく高まります。

交流電流や電気モータ、ラジオ、蛍光灯等の発明で有名な大発明家ニコラ・テスラ、経営学者のドラッカー、マハトマ・ガンジーは内向性インチュイターの傾向を示しています。

インチュイターの三大留意点

インチュイターは組織にとって掛け替えのない素晴らしい特性を有しています。自由度のある精神、遊び心のある精神が共通要素になっています。これらの精神を効果的に働かせつつ、暴走させないようにコントロールする必要があります。

インチュイターの留意点１：現実を直視しない

現実を直視しない傾向は、思考を跳躍させる傾向のあるインチュイターにしばしば見られる問題言動です。そして、インチュイターが最も注意を払う必要のあることはこのことなのです。すでに見てきたように、センサーは対象である他者や事物にエネルギーを照射し続ける特性を持っていました。一方、インチュイターは、その対象から様々な洞察を生み出すため、視点が対象から離れていく傾向を示します。それが、現実の無視、実行の先延ばし、しなければならないことの未着手、見落とし、注意不足などの言動を生み出すことがあります。これらの現象は、影になっている未熟なセンセーション機能が、インチュイターの意識に飛び出してくる補償作用としても理解することができます。対象にエネルギーを注がないという意味では、同じような傾向を持つ「内向性」が加わると、この傾向は際立ってきます。多くの場合、学校生活などを通じて、このような要素はある程度修正を受けていますが、社会人となり、管理職になった後でも、この傾向に悩まされる人は多いのです。

この傾向は、ストレスがかかった状態、強い緊張が走っている状態では特に強く表れます。そこにあるものが見えなくなる現象さえ起こるのです。ちなみにこの現象は、先ほども書かせていただいた補償作用の典型的な現象と言えます。ですから、インチュイターの傾向がある方は、精神的な落ち着きを持てる工夫をしないと、補償作用の問題に悩まされやすいので注意が必要です。精神的な落ち着きを持って、無意識の遅れた要素にかき回されないようにすることと、無意識の中にある、未分化なセンセーションの発達を促すことの両方に力を入れる必要が出てきます。

インチュイターはスケジューリングにも特別な注意が必要です。カレンダーや予定表は、「現実の象徴的な存在」なのです。ですから、インチュイターの持つ未熟なセンセーション機能が、カレンダーや予定表に意識を集中することを避ける言動を生み出すことがあります。更に、そこに入れ込むあらゆる予定が、インチュイターが大切にしている自由度を阻害する要素に映る可能性があります。そのため、極端な例では、予定表から逃げ出し、忘れ去ってしまうことに等しい心理構造を持つケースがあります。しかし、ビジネスはプランをベースに動いています。まず目標や完成期日を設定し、実行することを計画し、作った計画を実行に移し、最後に反省するというのがビジネス活動の基本であることを認識しておく必要があります。プランニングは避けようにも避けられない要素であることを自覚することが大切です。現実逃避傾向を自覚している方は、手ごろな手帳やスケジュール帳の積極的活用力をどうしても身に着ける必要があります。ちなみに、私が出会ってきた組織における優秀なビジネスマン・インチュイターは、いずれも手帳を高度に使いこなしていました。その他、定型プロセスを順守する必要がある時は、他の心理的機能を発達させている人よりも自分を律する強い心がけが必要になります。

また、対象自体へ十分な関心を向け続けられないことが、「傾聴」の機能不全につながることがあります。他者の話を聴いている時、インチュイターはその話ではなく、そこから発想されたものに焦点を合わせる傾向があるからです。その結果、相手は、自分の話したことに焦点が当たっていないことに気が付き、不快に思うのです。インチュイターは決して相手を軽んじているのではなく、彼らの発想力や洞察力が生み出す新たな要素に目を向け、自分の関心に沿った会話を展開しているわけですが、周りからは理解されません。実は、私は人事の仕事をしていて、採用面接で最も重視していたのが、質問に対する答え方でした。質問に対して的確に答える人に高い評価を与えていました。あまりに焦点がずれた答えをする人は、それだけの理由で、ことごとく不採用にしていました。今から思えば、何人もの才能のあるインチュイターを不採用にしていた可能性があります。もう少し慎重に選考すべきだったかもしれません。ともあれ、インチュイターの方々は、質問を受けた時、その質問にエネルギーを集め、その質問に対する答えを返すことに努力することが重要になります。これは個人的会話でもビジネスにおける会話でも一緒です。ちなみに、センサーが強い人は、比較的良い傾聴態度を持っていますが、傾聴を不得意にする人も多いのです。彼らの場合は、自分の内部にある強すぎる確信やエゴイズムが他者の意見を受け止めることを妨げることから生まれるもので、インチュイターのケースとは異なっています。

　また、インチュイターは、制限を受けたり規則で縛られたりすることを本能的に嫌う側面があります。そのため、いろいろな規律のなさが表面化するケースもあります。そのような傾向が出ている人は、まず物の置き場所を全て決め、一定の状態を維持する習慣を持つことから規律を拡大していくことをお勧めします。ちなみに、置き場所に例外を作ってはいけません。例えば手帳の置き場所をカバンの二つ目のポケットに入れると決定したら、それを決して崩してはいけないのです。ハサミは特定の引き出しの同じ場所に置かなければならず、それを変えてはなりません。他の心理的機能を発達させている人が当たり前にやっていることですが、心当たりのあるインチュイターは参考にしてください。

また、インチュイターは、自分の努力や働きによって得られる成果よりも、新しいものに魅力を感じて、自分が傾けた努力を放り出すような言動も持ちがちになります。飽きっぽいと表現することもできますが、新しい魅力に引き付けられて、新しい場所に移ってしまうことを平気で行うわけです。ユングはそれを、「種を蒔き、育てながら、刈り取ることをしない農夫」(4)に例えました。実際多くの企業の革新的アイデアや発明は、それらに当初批判的だったセンサーが刈り取りを担当して利益を得ている例が多いのです。注意が必要です。

また、インチュイターは自分が発見した独自のアイデアに夢中になる中で、周りの状況が見えなくなる傾向を示します。通常の状況ではこれが大きな問題にならないかもしれませんが、そのような態度はしばしばその人に隙を生んでしまうことになります。競合やせめぎ合いがある環境下では、ほぼ間違いなく、相手はあなたの隙をついてくることでしょう。ですから、調子に乗りすぎないこと、安定した精神を維持して、隙を作らない心構えが重要になります。

また、もし、あなたに、インチュイッションのみを強く発達させた特性がある時は、他の心理的機能の発達に真剣な努力を傾けることをお勧めします。現実的視点だけでなく、論理性、関係者の立場なども配慮する精神を身に着けることで、あなたの才能は大きく開花することでしょう。本書を繰り返し読むこともその助けになるはずです。

インチュイターの留意点2：不注意／失念

インチュイターは対象（他者や事物）に対して傾けるエネルギー量がセンサーと比較し極端に少ないと言えます。すぐに新しい発想が芽生え、焦点を別のところに移動させるからです。また、常に何かを考えていることもその原因となります。センサーが現実の対象そのものに焦点を当てる傾向を持つのに対し、インチュイターの焦点は、対象を見ながらも、別のところに移りがちなのです。したがって、インチュイターの中には、不注意や失念に類する言動を生み出しやすい傾向が出てきます。一つの典型的な例を出しますと、インチュイター傾向の強い人の中には、少し前に自分が行った行為に関する明確な記憶が残らない人をしばしば見出せます。これは、老齢に入り記憶力の低下が起こっているためではないのです。また、頭が悪いわけでもありません。私の友人でアメリカの一流大学を卒業した優秀な男がいますが、彼は自分が直前にとった行動をしばしば失念しています。彼に関しては、いつも何かを考えているせいか、日常生活の多くが意識化されていないのです。例えば、暖房機を消したと思うけど、消したかどうかははっきりしないのでもう一回確認するというようなことを普通にやっています。彼の奥さんは、彼に何回注意しても、台所の引き出しを開けっ放しにすることが多いと嘆いていました。玄関の鍵を閉めたと思うけど、閉めたかどうかはっきりしないので再確認するというような経験を若いころからしばしば持っている人は、インチュイッション機能が極端に強く、センセーションの発達が遅れていることから生じている可能性もあるのです。ともあれ、ビジネスの世界では、多くの場面で現実に意識を集中することを心掛ける必要があります。

これに関連して、もともと日本国有鉄道が始めた「指差し呼称」という素晴らしいシステムがあります。対象物をしっかり見て、人差し指で差して「前方ヨシ！」などと声を出して安全確認をしている車掌さんを駅のホームで、見かけたことがあるのではないかと思います。このシステムでは、目で見る、指で差す、声を出すという三つの行動を組み合わせ、現状を確認しているのです。この「指差し呼称」は確認動作として極めて優れた効果があることが知られており、操作ボタンの押し間違えの比較実験では、「指差し」と「呼称」を共に行った場合の押し間違いの発生率は、共に行わなかった場合の発生率に比べ、約6分の1という結果だったそうです。[5] 現在、日本では、製造業や建築現場、また医療に携わる薬剤師さんや看護婦さんにまで利用されているシステムです。私は、センサーにとっては、それ程大きな違いが出ない可能性があると推察していますが、インチュイターにはこのアプローチはかなり効果的ではないかと考えています。ともあれ、日々に出会う様々な事物を見ているようで見ていないという、極端にインチュイター傾向を高めた人にとって、この「指差し呼称」は非常に大きな示唆を与えてくれます。もちろん、まったく同じことをする必要はありません。

しっかり目で見て確認する、声に出す、指を差すなどのジェスチャーを含めて確認するという確認方法から学び取れることを自分なりに工夫して適用することができるはずです。特に重要な場面で活用することをお勧めします。

その他、弓道やダーツを通じてこのようなタイプの問題を克服した人や、一点に意識を集中させる訓練を通じて、克服した人もいます。参考にしてください。

インチュイターの留意点3：説得力の不在

ビジネスの分野でインチュイターは非常に良いアイデアを出すにも拘わらず、そのアイデアが活用されないことが多いことも事実です。それは、インチュイターの言葉に説得力がないことが多いからです。インチュイターは常識や社会通念、固定観念といったものに縛られることが少なく、彼らから出てくる多くのアイデアには意外性や突飛な所があります。このような直感ベースのアイデアは、特にセンサーに理解されにくいのです。ビジネスの現場ではセンサーが多く、彼らが重要なポジションを占めていることは珍しくありません。雇われサラリーマン、あるいは公務員の場合、自分が直感で見出したことは、センサーにわかりやすく説明できなければ、多くの場合、それが実を結ぶことはありません。この「センサーにわかりやすい説明」、「センサーに対する説得力」というのは、インチュイターの組織人が決して忘れてはならない心がけとなります。特に重要なのは現実性の視点と実用性の視点です。

いずれも、あなたのアイデアがどのようなメリットをもたらすかを、説得力を持って示すことを忘れないようにしましょう。これらの視点を付加するだけで、インチュイターは大きく変貌します。説得力を持ったインチュイターもいます。アップルの創業者のスティーブ・ジョブスはそのよき例です。彼は強いインチュイッションを持ちながら、インチュイッションだけを暴走させることはありませんでした。卓越したビジョンメイク力以外に説明力を有しており、センサーを含めた誰にでも理解されるようなアプローチを身に着けていました。

インチュイター傾向の強い方が持つべき小さな心がけ

①当日の行動予定策定、計画策定を行う習慣を持つ。
②重要なものは、しっかり確認。そしてもう一度確認。
③現実に必要な仕事を第一優先にして、湧き上がる衝動をコントロールする。
④アイデアに現実性や実用性を付加することを考える。
⑤気が散る要素を仕事場から排除し、すべての置き場所を固定する。

第五章　判断的機能について

シンキング機能とフィーリング機能

続いて、判断的機能を探求してみましょう。判断的機能には、論理性・合理性を基に処理を進める機能（シンキング Thinking）と、自分の有する信条や信念、美的感覚などの価値観（何を大切だと考えているか）を基に処理を進める機能（フィーリング Feeling）の対立軸が存在します。改めて言及するまでもありませんが、皆さんには、この両方の機能が備わっています。しかしながら、ほとんどの人は、一方に偏りながら仕事や生活をしている状態にあり、もう一方は、軽視するか、場合によっては知らず知らずのうちに排除している可能性があるものです。中には、対立する要素を意識的に強く否定しているケースさえ見出すことができます。ここでは、両方の機能をあなたの一部として、偏りを持たない態度で探求していただけたらと思います。

ユングはこの情報処理系の二つの機能は共に合理的機能であると分類しています。フィーリングについて、合理的という言葉がフィットしていない印象を持つ方もおられるかもしれませんが、フィーリング機能を使った意思決定には、信条や信念などの価値観が根拠になっているため、合理的な機能と呼んでいます。つまり、シンキング機能が論理性や合理性等の価値観を根拠にして意思決定しているのと同じ範疇にある機能と言えるのです。センセーションやインチュイッションには、意思決定の土台に使う要素は存在しません。

シンキング機能を主要機能にしているシンカーは、合理性・論理性を根拠に思考を展開します。「効果の高いものは低いものより良い」、「同等の製品なら価格の低いものが良い」、「長時間かかるものよりは短時間で済むものが良い」、「操作が難しいものより易しいものが良い」というような一般的合理性と論理的な思考に支えられて判断をしていくものです。ビジネスの世界ではシンキングは最も重視されることが多いと言えます。ですから、多くのビジネスでは、人々はこのシンキングをベースにしたスキルと方法論を積み上げていくことになります。シンカーは、正確性、的確性、公平性、計画性などを発揮し、筋を通す気持ちが強く、曖昧性や不明確性を嫌う性質を有します。

この合理性と論理性には一つの素晴らしい特性があります。それは、どこにいても人間集団の共通用語になりえるということです。組織や国や文化を超えて、シンキング機能はどこでも通用するのです。現在、多くの企業活動がグローバルな展開をしていますが、どの国でも、無条件に意思決定の軸になりうるのはシンキング機能と言えます。シンキング機能によって、合理的に考えられたことは、そのまま、どのような立場にある人からも、理解しうる根拠を持った考え方として、尊重される可能性があります。

一方、フィーリング（感情）は信条、信念などの価値観や美的感覚を基礎にした判断を展開する機能です。これらは、「好き・嫌い」という形に翻訳されることが多くなります。象徴的な表現をすれば、頭脳ではなく心で働いている機能と言えます。信条や信念等の価値観は、自分が何を大切にしているか、何を重要と考えているかを示す個人的な価値基準です。これらの要素は主観的な要素であり、各自が個別に持っているものです。ですから、特別に閉ざされた集団以外のところで、共通言語として使われることはありません。従って、自分自身の考えを、フィーリング機能をベースに開陳した場合、それが説得力を持つことは、非常にまれなことなのです。芸術家や芸術の批評家はそれが機能する職業と言えますが、ほとんどの職業で、そのようなアプローチは機能することはありません。

ところが、フィーリングを発達させた人は、自分の感情を他者の立場に投影する能力を獲得していることが多いのです。それを通じて、他者の深い理解や、他者との深い関係構築を実現できます。自分の感情にかかわる機能を他者に投影することは、フィーリング機能が成熟を果たした場合に、ごく普通に行われることになります。相手の立場に入り込んで、相手と共に感じることができるようになるのです。これについては、後ほど詳しくご紹介しますが、ビジネス上、価値ある視座と成果を組織に提供する可能性を持っています。

フィーラーにはこのように対象と深い関係を作る特性がある一方、対象を排斥するような言動を示すこともあります。私のかつてのフィーラーの部下に、彼女がどうしても受け入れられない人がいるということで、隣の部署の女性管理職について相談されたことがあります。その部下からの申し出は、通常の彼女の言動からは予測できないことでした。私の部下は隣の部署の女性管理職が人を見下したような話し方をするため、到底受け入れられないということで、彼女と仕事上の関係を持つことを一切拒否したのです。フィーラーは思いやりを持って様々な人を受け入れる許容量がありますが、明らかに自分が受け入れられない対象に対しては全く別の行動を示すことがあります。

また、フィーラーは他者の感情にかかわることに敏感で、リーダーシップやマネジメントに関する極めて重要な素養を有しています。例えば、感謝をされることがどれほど人々に大きな意味を持つか、自尊心や仕事に意義を感じさせることが、どれほどマネジメント上意義のあることか等を自然に理解できることが多いのです。これらは、他者を動機づけるための極めて重要な要素です。しかし、他の心理的機能を主要機能とする人で、フィーリングを十分に発達させていない人にとっては、そのようなことの意義を理解できないことが多いのです。マネジメントに何らかの形でかかわる人は、フィーリング機能をある程度発達させずして良い仕事をすることはできないと言い切って良いでしょう。このフィーリング機能はちょっと分かりにくいところがありますので、混同されやすい情動との違いを通して、説明を加えていきましょう。

フィーリングと情動

ユングは、フィーリングは、内在する価値観と無関係に自然発生的に生まれる「情動」や情動を暴走させた結果の「激情」とは違ったものとして位置付けています。フィーリングは、合理的な反応様式であり、落ち着いた機能と言えるものです。ユングは次のように説明しています。「分化した感情タイプの人〔フィーラー：引用者注〕は、通常クールな印象を与えますが、他方、情動的な人は、情動の炎がいつも彼からほとばしり出ているので、人を興奮させるのです」(1)。このユングの言葉でもフィーリングと情動の違いが簡単に紹介されていますが、実はこの「情動」というものがどのタイプの人にとっても馴染みがあるものであるため、もう少し説明を付け加えさせていただきます。ユングは、「フィーリング（感情）」と「情動」を全く別のものとして捉えるのではなく、フィーリング（感情）に身体的な刺激の伝達が加わった時に情動が生まれると説明しています。さらにユングは、いかなる感情も一定の強さを超えてしまうと情動に移行すると指摘していますので(2)、フィーラーもまた、刺激が大きい状況では情動に支配される可能性があると言えます。しかし、通常の状態では、フィーリング機能は合理的な判断をする機能であり、落ち着きと共にあるわけです。

ところで、私たちは情動に動かされている人を見て、感情が豊かとか感受性が強いと表現することがあります。しかし、これはユングの意味するフィーリング機能が強い人が持つ特性を表現したものではありません。これは、無意識の世界に根差した制御不能な情動的な反応が目立っている人と言えます。情動に動かされている状態は、精神的「敏感性」から生じている可能性があり、決して感情が生み出す合理的反応ではないのです。しばしば気持ちに高まりを経験する人は、むしろ感情機能、フィーリングが未熟である可能性があり、主要機能か補助機能のどちらかがシンキングである可能性が高いと言えます。同様に、この情動が強く働き、体全体で怒りや情動を表現している人を目撃できますが、ユングはこのレベルになると身体的刺激、生理的刺激を知覚しているセンサーの挙動であることを指摘しています。(3) 身体的刺激を伴う情動は、価値観をベースにした合理的判断とは全く異質なものになっているとユングは判断していたわけです。

ところで、この情動を常に問題行動と解釈するのは適切ではありません。私たちは、映画や音楽、あるいは素晴らしい小説を読みながら情動を体験できます。しかし、この情動によって支配されると、組織内で問題を引き起こすことがあるのです。成熟したフィーラーは感情を基礎に、比較的落ち着いた精神性を持っていますが、他のタイプの人は情動に支配される傾向があります。つまり、感情が未発達な場合は、無意識の世界の未熟で制御不能な情動にかき回される危険を持つことになります。ここでもまた、無意識の要素の身勝手な動きの影響を受けてしまうわけです。フィーラーの対極にあるシンカーも、またセンサーやインチュイターもこの情動にかき回される危険があることを認識しておくべきと言えます。私がある外資系の会社で仕事をしていた時、善良で、理路整然とした論理思考を展開できる優秀な同僚がいました。普段は冷静な落ち着きを持った方でしたが、その彼が、ある会議で、突然感情の暴走を引き起こし、不適切な言葉をアメリカ人上司に浴びせ、その日のうちに解雇されたのです。何らかのコンプレックスが関係していた可能性もありますが、その時の彼は明らかに情動に支配されていました。通常の状態では安定感のある人の突然の暴走です。強い情動が私たちの意識を支配してしまう力があるということの貴重な教訓です。情動の持つこのような性質を忘れないようにしなければなりません。

シンカーとフィーラーの意思決定

シンカーとフィーラーは共に、何らかの根拠を基礎に理性的な意図を持ち、理性的な判断を展開します。しかし、その基礎にする根拠が一方は合理性と論理性であり一方では信条や信念等になるため、両者の意思決定には大きな違いが出てきます。

シンキング機能（論理的思考や合理的思考）の重要性を理解するための一番良い方法は、人の命にかかわる大きな危険がかかわっている事例を考えてみることです。何らかの危険な要素が絡んでいる意思決定では、あなたがどう思うか、どう感じるかを語っても、ほとんど意味がないことになります。また、関係者の気持ちや特定の他者や関係組織の立場を考慮しながら意見を言っても、多くの場合、このような緊急事態に際してはまったく意味を持たないものになってしまいます。道徳的観点からも、人の命にかかわる問題について、関係者の立場を忖度しながら意思決定をすることは許されることではありません。ここで求められていることは、その危険性を客観的に評価することであり、分析的で論理的なアプローチを思考展開と話し合いの軸にすることなのです。実は、日本の組織においては、重要問題について、関係者の立場を忖度しすぎることで、大きな間違いをすることが目立つのです。ともあれ、多くのビジネスの現場では、個人的価値観をベースに、自分たちがどう感じるか、どう思うかと主張しても意思決定は進みません。個人的な価値観や信念・信条は、通常の社内における会議では、意思決定の本流として活用することはできないのです。このため、多くのビジネスにおいて、感情的要素を排除していることに誇りを持つ管理職を何人も目撃することになります。会議でフィーリングを基礎にした見解を述べた同僚に、「客観性がない」と釘をさすような風景は決して珍しいものではありません。ビジネス上の意思決定に於いて、一切の感情を排除することを提唱するプロフェッショナルも少なくありません。

しかし、あらゆる感情に関する要素を排除してしまうと大きな問題が出てきます。なぜなら、私たちの意思決定には、ほとんどの場合、感情を持った人間がかかわってくるからです。実は、ビジネスでは、対象としての顧客、部下、関係者、大衆、競合他社のキーパーソンなどのフィーリングをつかみ取り、意思決定や戦略策定を行う際に活用することができるのです。逆に、そのような関係者の感情を無視することが意思決定やビジネスに大きな限界を生んでしまうことがあるわけです。限界という軽いレベルでなく、相手のフィーリングを無視することで、その仕事やプロジェクト、ビジネス関係やマーケティング計画を台無しにしてしまうようなことさえ生じます。戦略策定には、常に相対的な要素があり、相手を深く知ることなしに最良の戦略を構築することはできません。ここから分かるように、フィーラーがビジネスの意思決定において力を発揮するのは、自分の感情を意思決定の根拠として使うことではなく、フィーリング機能を自分自身から遊離し、相手の立場に投影するケースなのです。

成熟性の高いフィーラーは自分の感性を相手の立場や消費者などの立場に投影しながら、深い理解を勝ち取る能力を持ちます。それは、相手の意見や論点の背景にあるものをつかみ取ったり、深層にあるものに近づいたりする行為と言ってもよいでしょう。この挙動は、インチュイション機能の支援もある程度受けていると思われますが、フィーリング機能が中心的役割を果たしていると言えます。このような思考はシンキングやセンセーションだけを使うだけでは決して勝ち取ることはできません。従って、そのような感情をシンカーが理解しやすいように、説明したり、調査などを通して数字に落とし込んだりすることが必要になるケースもあります。このようにして、フィーリング機能を合理的意思決定に組み入れることを実現できた時、より深みのあるクリティカル・シンキングを実現できると言えます。つまり、意思決定の本流にフィーリングを使うのではなく、関係者の感情に関する重要な要素を見出して活用したり、組織に関係者の感情に関する情報を提供したりするためにフィーリング機能を活用するのです。対人マネジメント上の観点から言えば、フィーリング機能が未分化な状態では、一時的なインパクトを部下に与えることができても、安定したリーダーシップを長期的に発揮することは不可能と言えましょう。皆様の周りで、長期的に質の高いリーダーシップを発揮している人は、ほぼ例外なく、ある程度フィーリングを発達させているはずです。

フィーリングをビジネスで活用する別の例を紹介しましょう。最先端のセールスプログラムでは顧客が要求する問題解決のために、顧客を取り巻く状況や顧客の期待を明確にするだけでなく、意思決定者一人ひとりの価値観、隠された動機を見抜き、それらに何らかの形で応えていく活動を販売プロセスの中に組み込んでいます。人間は一〇〇%合理的に動くものではなく、その非合理性を理解して戦略的にかかわっていくことが一つのカギとなるわけです。何かを購買する際、顧客はその製品やサービスの特徴や価格以外に、様々な隠された動機を持っていることが多いのです。ビジネスにおける購買について例を出すと、社内における自分の立場を強化しようとしたり、上司に認められようとしたり、自分の家族と過ごせる時間を増やしたいと思っていたり、自分の立場の長期的安定の実現を考えていたり、先駆者としての自分をアピールしたいと考えていたりする場合があります。また、仕事のストレスを減らしたいと考えていたり、周りから尊敬を受けたいと考えていたり、懇意にしているセールス担当に成果をあげさせたいなど、様々な隠された動機や価値観を持っていることがあります。合理的に進められているように見える購買行動の中に、隠された個人的意図があるのです。これらをつかみ取り、戦略的に対応することで、競合他社から一歩抜け出ることができます。ともあれ、私たちが意思決定をする際、関係者が有する可能性のある感情を無視するなら、私たちは残念ながら一流の戦略家になることはできません。ちなみに、私に人事を指導した一人のアメリカ人国際人事部長は、常に従業員の意見の背景にある「隠された意図」を考慮することの重要性を語ってくれました。一流の意思決定を実行するためには、関係者の持つ様々なレベルの感情を理解するキャパシティーが必要になってきます。ここにフィーリング機能のビジネスにおける活用の最大の眼目があるわけです。

　フィーリング機能は、ビジネスの世界で過小評価されてきました。すべてのビジネスに於いて、このフィーリング機能は重要な役割を持っていますが、多くの企業で無視され続けています。もし、フィーリング機能が意味のないものだとしたら、多くの経営コンサルタントや経営学者はビジネス自体で大成功を収めているはずです。しかし現実はそうではありません。ビジネスに於いては、顧客の中に自らの感情を移入して顧客を深く理解する力、そして顧客に寄り添う力が、極めて重要な要素となっています。これはフィーリング機能を使って、信頼関係の構築を実現することで可能になることで、様々なビジネスにおいて、オペレーション上の重要な基本要件になっています。このフィーリング機能から生まれる力を無視する組織が成功することは難しいと言えます。オペレーション上、あるいは戦略構築上の多くの限界や失敗は、フィーリング機能を無視していることからも生じています。優れた技術を持つ会社が大きく成功できない背景に、フィーリング機能の不在が関係している可能性があります。要注意です。ともあれ、どのようにシンキングを発達させた人でも、フィーリングもある程度発達させることが求められるのです。

また、フィーラーとシンカーが、意思決定についてビジネスの場面で留意することとして、プロアクティブ（前向き・積極的・先を見越した）な態度の不足があります。受け身的になりすぎる傾向があるのです。特に内向性の方は注意が必要になります。例えば、スケジュールについては、フィーラーもシンカーも多くの場合、状況の必要性を受けて、受け身的に立てることが多くなります。しかし、スケジュール設定は自分が主役になることが必要です。毎日仕事で忙しくしているあなたが、ある重要な予定を入れ込みたいと思っていても、受け身的な態度でいたら、一か月でも半年でも、一年でもそれを入れ込めずに終わってしまいます。重要なことは、プロアクティブにその日程を予定に入れ込んでしまうことです。そして、それを実現するための行動計画を立てるのです。会議を別の時間に移してもらったり、権限を委譲したり、関係者に通知するなどの方法で対応していきます。あとは、その計画通りに実行します。スケジュールの設定は一つの小さな例に過ぎませんが、このようなプロアクティブな態度や状況のコントロール力が重要なのです。このようなプロアクティブなコントロール力はセンサーやインチュイターが得意とするところですが、組織で力を発揮し、組織を動かす際の基礎になるものですので、ぜひ身につける必要があります。

最後に一つ付け加えましょう。ここではそれについては多くを語りませんが、一人の個人の持つ個人的な価値観や信条は、その個人に大きな力を与えます。価値観から生まれる願いや希望は、個人の活力の源となる特性を持っているからです。シンキングに偏り過ぎている人の中には、合理性や論理性、貨幣価値以外の価値観を持てないで、ご自身の夢や希望を持たずに生活をしている人を少なからず見出すことができます。そのような方は、是非、自分と対話し、自分の独自の価値観や希望を持つようにしてください。これは、個人生活にとって、とても大切なことなのです。

ビジネス法人とフィーリング機能

ここでちょっと変わった角度からフィーリング機能を見てみましょう。それはビジネス法人のフィーリング機能です。人間を対象にしたものではありませんが、法人の中でそれを機能させているのは他ならぬ人間であり、それらのフィーリング機能を持つ法人の中で日々仕事をするのも人間であるので、少し寄り道をしてみましょう。

多くのビジネス法人はこだわりを持っているもの、あるいは自分たちが大切だと考えているものを持っています。それを価値観と呼んでいます。そして、それを基に行動を生み出そうとする一連の信条を持っています。ビジネスでは、自社の「価値観（Values）」あるいは「コア・バリュー（Core Values）」として、あるいは「信条（Company Beliefs）」として、あるいは「クレド（Credo）」とか「顧客に対する約束（Customer Promise）」等として、自分たちが大切に考えていることを示しています。実は、このような価値観や信条は、通常、合理性や論理性に優先する地位を与えられ、企業の組織体系の中で最上位の一つとして位置付けられています。これは、ビジネス法人におけるフィーリング機能と言っても良いものです。

このような価値観が大きな役割を果たした例として知られているケースがあります。一九八二年に起こった鎮痛剤タイレノールへのシアン化合物混合事件での会社の対応です。ジョンソン・エンド・ジョンソン社は、企業理念を貫き、莫大な損失を覚悟で、早期に全商品を市場から回収しました。その後、従来のカプセルを取りやめ、毒物の混入ができない新パッケージを使った商品を販売し始めたのです。結果的に彼らの対応は消費者から評価を受け、現在でもタイレノールは高い市場価値を維持し続けています。

私は、経営管理学部のクラスで宿題として出された一つのケーススタディを今でも忘れることができません。あるプロジェクトの初期的計画をなるべく詳しく書いて提出する宿題だったのですが、それまで学習したファイナンスのスキルが広範に活用できるケーススタディであったため、ほとんどの学生は夢中になって立派な厚みのある計画書を提出しました。しかし、そのケーススタディへの最も思慮深い対応は、ファイナンス上の分析作業に大きな時間を使うことをしないで、プロジェクトの中止を提言することだったのです。なぜなら、そのプロジェクトがその会社の持つ価値観に合わないものだったからです。ここで多くの学生が犯したのと似たような失敗は、実際のビジネスの現場でも多発しています。短期的な合理性に引っ張られながら価値観や倫理上問題になることを実施に移している例は珍しくありません。私自身も、在職していた会社の倫理性を忘れた暴走に対峙しなければならなかった苦い経験を持っています。そのような組織の問題に一社員として対応するのは本当に骨が折れ、極めて辛い経験になります。合理性の世界だけに身を置いていると、守るべき価値観や最低常識としてのモラルが見えなくなってくるのです。ともあれ、実際のビジネスの現場では、合理性や論理性だけでなく、より高い優先順位を持って検討すべき要素が存在することを私たちは覚えておかねばなりません。

　ここで留意しなければならないことがあります。特にシンカー傾向の強い人の中に、論理性や合理性よりも優先順位が高いものが存在する事実を受け入れられない人がいることがあります。そのような方の多くは、会社の価値観に興味を示しませんし、個人的にも合理性や貨幣価値にかかわる価値観以外の価値観を持っていません。しかし、現実に、多くの組織に於いて、論理性や合理性よりも高い優先順位を与えている要素が存在するのです。自分の中に組織の価値観を軽視する認識がある場合は注意する必要があります。そして、組織がこのような価値観の定着を考える際は、このような特性を持つメンバーがいる可能性も考慮に入れて、トレーニングに工夫を凝らす必要があります。同様に、価値観の重要性に気が付かない組織もかなり存在します。価値観は、組織のオペレーションに自然な統一感を与える効果がある価値ある要素です。特に卓越したサービスや仕事を定着させることを可能にするためには、なくてはならない要素と言えます。その他、意思決定の基盤になったり、難しい状況での部下の指導に活用できたりと、価値観からは様々な効果を享受できます。ただし、額の中に入れ込んで飾っておくだけでは、価値観が力を持つことはありません。

フィーリング機能を軸としたオペレーション

ところで、フィーリング機能をとりわけ重視して、日々のオペレーションを実施している組織も存在します。これは単に価値観を持っているというレベルから、その価値観が文化としてオペレーション全体を包み込んでいるイメージを与えます。そしてそれを成功のカギとしているわけです。ここで、特定の価値観を文化まで高めたビジネスの例をご紹介しましょう。一つの有名な例は、アマゾンに吸収されたオンライン靴店ザッポスです。ザッポスでは徹底した顧客サービスを実行します。彼らのコア・バリューのトップには、「サービスを通して『ワオ！』という驚きの体験を届ける」(Deliver WOW Through Service) と示されています。顧客満足を超えたところに彼らはターゲットを持っているわけです。お客様に驚きや感動を与えるレベルのサービスを提供しようとする彼らの態度こそがビジネスの柱なのです。短期的に見て馬鹿らしそうに見えることでも、ザッポスでは意味のある実践とみなされます。彼らがコンタクトセンターと呼ぶお客様との窓口で働く人たちが、一人の顧客対応のために何時間も電話で話していても、ザッポスでは上司からお叱りを受けることはありません。その仕事を処理するという発想から、お客様へ感動を与えることに目的がシフトしているのです。「お客様がこのビジネスとの関係で得ることができた感情は決して忘れることがない」という創業者の信念は会社全体に定着しています。そして、そのような組織側の態度に対して、お客様は敏感に反応しているのです。人間は心を持っており、ザッポスの示す誠実な態度には確実に反応を返してくれています。ザッポスではビジネスが感情を持った人間を相手にしていることを忘れておらず、そこに焦点を当てて成功しているわけです。もちろん、ザッポスではシンキングも間違いなく機能しているはずです。しかし、このような組織ではフィーリングとシンキングがうまく融合している姿を見ることができます。

私が以前、ゼネラルモーターズ・ジャパンで働いていた時にも、類似の経験をしています。当時、私たちはサターン (Saturn) という車の導入を行っていました。サターンという車はユニークな車で、車体をスペース・フレームという立体フレーム構造でがっしり作り上げ、周りにポリマー樹脂パネルを張り付けるという、レーシングカーの設計思想で作られていました。ちょっとぶつけたくらいではポリマー樹脂が傷も受けずに回復してくれる特性を持っていて、安全性についてはスペース・フレーム構造で、申し分のない特性を持っていました。そして、アメリカでは、販売店がお客様から数えきれないほどの感謝状を受け取ることで有名な車でした。私は、トレーニングの責任者として、その感謝状の話を聞いて、それはアメリカで起こった話と考え、日本で同じことが起こることを全く期待していなかったのです。当時の市場状況では、サターンよりも日本車のほうが様々な面で上を行っており、どちらかと言えば、サターンにはネガティブな要素が目立ったのです。しかし、セールス・コンサルタント達はサターンのカルチャー・トレーニングで紹介された徹底した誠実な態度を身に着け、セールスプログラムで紹介された本格的なコンサルティング・セールスを実行したのです。ちなみに、価格は統一価格が導入されており、一切の値引き交渉はありませんでした。その理由は、値引き交渉が起こる環境では、セールス担当者は決して一〇〇%誠実な人間になれないからです。彼らが嘘をついたり、お客様を操作したり、お客様と駆け引きをしたりすることなくセールス活動を展開できるように、価格は固定されていたのです。マーケティング分野でも誠実性に焦点が置かれた活動が展開されました。顧客満足の発想は捨て去られ、コア・バリューに示された「顧客感動」がオペレーションの共通目的となったのです。また、セールス・コンサルタントの採用でも本社のスタッフの採用でも、コア・バリューによる面接客審査が行われました。さらに、コア・バリューのトレーニングに違和感を覚えた人は、一度採用した後でも退場させる徹底ぶりで、私がアメリカでトレーニングを受けていた時も、退場をうながされて入社を取りやめた人を目撃しました。本国と同じやり方でオペレーションが行われた結果、日本においても驚異的な顧客満足度と対来店者ベースの受注率を達成しました。さらに、購入されたお客様から次々と心のこもった感謝状が各販売店に届くことになったのです。あまりたくさんの感謝状が集まったので、それらをまとめてブックレットを作って、各販売店様に配布しました。しかし、二冊目の感謝状のブックレットの編纂の準備をしている時に、サターン撤退のニュースが私たちに飛び込んできました。残念な話ですが、GM本社でサターン・ブランドの廃止が決定されてしまったのです。合理的なビジネスの判断によって、消え去っていったブランドとサターンという会社を心から残念に思いました。しかし、この経験は「感情」がビジネスに果たす役割と、人間が誠実性に対してどのように反応するかということについて、大きな学習体験を授けてくれたのです。

論理性と合理性

論理性や合理性は、グローバルに通用する心理的機能であり、シンカーが最も精緻に発達させているものです。論理性は学校教育の中でも焦点を当てられる部分であり、また、様々な書物によって探求が進められています。従って、多くのフィーラーも学校教育等でシンキングが鍛えられ、シンキング機能を発揮できることが多いのです。しかし、極端にフィーラーに偏ってしまうと、論理的会話の展開が困難になることがあります。ビジネス上の意思決定をする際、「その会社が嫌い」、「その国の人が嫌い」、「その担当者が好き」、「××県出身者だからいい」などといった非合理的要素をベースにした思考を展開するのはその例です。このように、自分の感情をベースに主張を繰り広げても、ビジネス環境では説得力はありませんし、必然的に周囲からのサポートを失うことになります。フィーラーに偏りすぎた人の持つもう一つの問題は、論理的会話の流れに沿った意見を出せなくなるケースがあることです。例えば、唐突に脈絡のない見解を開陳して、周りの出席者を驚かすことがあります。このような言動はシンキング機能を発達させたシンカーにはほとんど起こらないことですが、フィーラーに強く偏った人が時々展開する言動です。このようなことに心当たりがある方は、状況を把握し、会話の流れに沿って意見を述べる態度をシンカーから学ぶ必要があります。

また、シンカーは、状況は合理的に解釈され得るものであり、説明する方法が必ずあると考えています。それらは、法則性や最適なスタンダードなどの発見につながっていきます。この力は「抽象力」と呼ばれることがあります。このような態度はビジネスやエンジニアリングの領域で尊重される基本的態度とみなされます。しかし、論理性や合理性だけを追求するシンキング機能は、思考を収束させたままの抽象力に留まる傾向があり、視野の狭さを作ってしまう可能性があります。その結果、全体感や目的を失ってしまうことが起こるのです。ビジネスの世界では、現場が必要とすることに意識を傾けなかったり、長期的な展望を持てなかったりするシンカーがしばしば見受けられます。さらにシンカーは、関係者の立場や気持ちを完全に無視し、自分の合理的判断だけで勝手な意思決定を進めることがあります。善良なシンカーが、平然と、非情とも言えるような身勝手性を発揮するケースです。関係者の立場にも配慮する視座を獲得して、このような問題を起こさないように留意する必要があります。成熟しているシンカーは、このような限界を打ち破り、より広い視野を獲得し、俯瞰性、全体性と調和性を兼ね備えた意思決定ができるようになっています。抽象力と大局観を両立させているのです。

感情移入

成熟度の高いフィーラーは、自分に起こったことを感じるだけでなく、他者の状況を敏感に感知する能力を発達させています。他者に自分の感性を投影し、そこで他者と共に感じ始めるのです。他者に自分の感性を投影するという行為は外向性の得意とすることと言えますが、内向性の人もある程度外向性を発達させていますので、極端に内向性に偏っていない限り、フィーラーは相手に対して「感情移入」を実現することができます。この感情移入にはもちろんレベルがあります。軽い感情移入からかなり深い感情移入まで様々なレベルがあると言えるものです。そしてフィーラーは、深い感情移入を実現するセンスを持っている人が多いと言えます。似て非なる現象に、自分の立場に相手を取り入れ、自分の立場で同感などを表明する挙動もありますが、これは感情移入とは別物で、「取り入れ」と呼ばれる挙動です。取り入れの場合は、自分の立場で、相手の気持ちを解釈していきます。一方、感情移入とは、自己を相手に投影しながら相手に同化し、相手の立場を追体験的に共有するレベルの高い精神活動です。ですから、自己中心性が発達した人には到底実現できない行為と言えます。

私が成熟度の高いフィーラーから得た衝撃的な体験を一つご紹介しましょう。アメリカのカウンセリング会社にトレーニング事業の立ち上げの責任者として入社したばかりの時にそれは起こりました。その会社では全社員がカウンセリングルームを兼ねた個室を持っていました。入社したばかりの社員は、先輩社員の部屋を一つひとつ訪ねて自己紹介や質問をする機会が与えられていたのです。私が訪ねた先輩社員の一人は、かなり内向性傾向の強いフィーラーでした。いつものように、自己紹介して会話を繰り広げていた時、いつもとは違う自分に気が付いたのです。わずか五分程度の会話のあと、私が奇妙なものに包まれているような気持ちを感じたのです。自分の気持ちを全く同じ立場で共有している他者を、私は目の前に見ていました。彼からは、率直な質問が柔らかい言葉で寄せられるのですが、私はその質問に正直に答え始めていたのです。実は私は、人には滅多に話さないことをいくつか抱えています。しかし、彼を前にして、そのような防衛力は脆くも崩れ去ってしまい、すべてを話してしまったのです。彼との約一時間の面談が終わった後、自分のオフィスに戻り扉を閉めました。頭を抱え込み、「一体何が起こったんだ」、「何であんな事まで言ってしまったんだ」と呟き、しばらく椅子に座りこんだまま動けない状態を経験しました。その時の私の顔はたぶん、恐ろしいものを経験した後のように、堅くこわばっていた可能性があります。それ程、衝撃的な体験だったのです。彼の包容力のある態度、私の言葉や気持ちを受け入れる態度、そして一つ一つの私の経験を自分の気持ちで味わい会話を続けていく態度が、私をすっかり呑み込んでしまったのです。私のガードは完全に崩されてしまいました。それも非常に短時間にそれらが起こったのです。私はその会社に入社する前に、カウンセリングに関する多数の本を読み込んでいましたが、書物だけでは勝ち取ることのできなかった衝撃的な学習を彼は私にもたらしてくれました。そしてその時、私はカウンセラーにはなれないと確信を持ったのです。そのレベルの人間にはなれないと思ったのです。ともあれ、相手の中に入り込み、気持ちを共有する行為はかくも強力なものなのです。

感情移入はセールスの場面でも素晴らしい効果を発揮します。あなたのお客様が問題を抱えている時、単に問題を引き起こしている原因追及だけに注力しないで、お客様の気持ちを感情移入で感知し、あなたが感じたお客様の気持ち、苛立ちなどをそのまま言葉に出してお客様と共有することができます。そのような体験を持ったお客様は、あなたに特別な信頼を寄せ、今度はあなたに感情移入を寄せてくれる可能性もあります。フィーラーの方々はこのようなことを比較的容易にできるセンスを有していることをぜひ覚えておいて欲しいのです。

一方、シンカー傾向の強い人のフィーリング機能は、本人が意識して機能を高めていない限り、分化が遅れていることになります。シンカーも善良で信頼できる個性を築き上げることができますが、相手の立場に立って感じることがどうしても不得意になりがちです。このような心理的機能も組織人には求められるので、自己研鑽のテーマにすることができます。しかし、相手の立場に自己を投影し、相手と一緒に感じることをいきなり追及することは難しい可能性があります。そこで、相手の立場に立って考える態度と相手の立場を尊重する習慣をまず持つようにしてみてください。それを日々試みる中で、感情移入の能力を少しずつ高めていくことができます。

感情移入とリーダーシップ

実は、この感情移入はリーダーシップの発揮に極めて重要な役割を果たしています。これは、全ての心理的タイプの方々が共通して享受できる極めて重要な要素ですのでご紹介します。しかし、このメカニズムは今まで紹介されてきませんでした。これが今まで紹介されてこなかった最大の理由は、感情移入を考える際、ほとんどの場合、私たちは「感情移入する」

ことだけを考えるからなのです。自分が他者に感情移入した時のインパクトについては先ほど書かせていただきましたが、リーダーシップに大きく関係してくるのは、「他者によって感情移入される」ことなのです。相手が、あなたに感情を移入し、あなたと同じことを感じることになった時、あなたの影響力は確実に拡大します。感情移入されることによってもたらされる影響力は、政治家やタレント、企業やお店などの組織も同じように享受できます。組織や個人が本当に大衆から支持される、あるいは取引先から支持されるというのは、その組織や個人が人々によって感情移入される要素を持っていることを意味します。人間は感情移入をした他者や組織に強い一体感を持ちます。ですから、影響力を受けるレベルが高まり、その人に強い共感を持ったり、その組織の提供する商品やサービスを購入し続けたりすることにつながっていくわけです。

ところが、感情移入は誰に対しても起こるものではありません。条件があるのです。ユングは次のように言っています。「感情移入は客体に対する主体の協力的態度、信頼を前提とする」(4)と。つまり、あなたが信頼することができない人なら、絶対に他者はあなたに感情移入を起こさないのです。同様に、あなたが利己的で協力的態度を示さなかったら、彼らも協力的態度を示さず、あなたに感情移入は起こしません。道徳性や誠実性に問題がある人も同じです。このような人に対して、私たちは感情移入を起こさないのです。なぜなのでしょうか？

それを理解するためには「感情移入」について、もう少し深い理解が必要になります。感情移入というものは、相手を強く志向する精神的動きであるだけでなく、あなたの大切な一部を他者に投影し、他者に移す行為なのです。ユングは次のように説明しています。「感情移入をする者は自分の生命を客体に移入し、客体のうちに自分の生命を経験しようと努める(5)」と。このユングの説明を受けると感情移入を受ける人間や組織が持つべき条件が見えてきます。誰でも、鼻持ちならない他者や組織に自分の一部を移入しようとは思いません。自分の生命と言える部分を移入する対象は誠実であり、高い人格を持っていることを期待するわけです。これは生理的な問題とも言えるのです。私たちが汚物にまみれたプールで泳ぎたくないのと一緒です。自己中心性が強く、パワーを振り回しているだけの上司には誰も感情移入をしようとはしません。そのほか、あまりに大きなギャップや違いを感じる人に対しても、感情移入は起こりません。ユングは感情移入のためには、「へだたりが大きくならないことが必要(6)」とも記しています。ですから、あなたが部下にポジションパワーによる影響力を行使しようとして、ことさら高い立場に自分を置いて、上から目線で部下に対応すればするほど、部下は感情移入を起こさなくなるのです。彼らが部下と視線を合わせられるまで姿勢を低くしたときにこそ、感情移入は起こりやすくなります。このあたりのメカニズムに目を開くことが大切です。管理職やリーダーとして、信頼のおける誠実さを構築することは極めて重要なことなのです。誠実性の確立は、優れた管理職やリーダーになるための第一条件だと言ってよいでしょう。あなたが部下に対し、誠実な態度を示し、支援的である場合は、部下たちはあなたに感情移入し、あなたの影響力は大きく拡大していきます。それと全く同じことは組織に対しても言えることはお判りになるかと思います。組織が、社内の構成員や社外の数多くの人々から感情移入を受け取るためには、誠実性や品格を維持することが重要な条件になるのです。そして、それを知っている組織は、その誠実性や品格を、マネジャーレベルの人に対しても求めるわけです。

シンカーとフィーラーの意思決定を促進する方法

シンカーとフィーラーは共に、意思決定に時間がかかる傾向があります。また、決まったことを実行に移すのに時間がかかる傾向を持つフィーラーとシンカーは珍しくありません。特に内向性の傾向が強いと、このような傾向はさらに強まりますので要注意です。シンカーの場合は、慎重性と正確性を期す態度がこのような遅れを生み出し、フィーラーの場合は、関係者への配慮や状況の検討などに時間をかけることが多いと言えます。素早い意思決定や行動性を持つセンサーやインチュイターと比較すると大きな差が出てきます。現代の経営環境では大きな変化が生じており、しかも、多発的に素早い変化が生じています。そのため、多くの企業が企業理念の中にスピードに関する要素を入れ始めています。そのようなことを考慮すると、意思決定のスピードについても留意が必要であることが判ります。外向性・内向性の説明の部分で、事前準備の重要性を紹介させていただきましたが、フィーラーとシンカーは共に事前準備によって、ある程度意思決定のスピードを高めることができます。しかし、もっと重要なことがあるのです。それは、「割り切りのセンス」です。

シンカーの方々は、一〇〇パーセントの確実性はどのような状況でも存在しないことを再確認しておく必要があります。管理職やリーダーは常に不確実性の下で責任を持って意思決定をする器量が求められるのです。ちなみに、皆さんが責任を意識しなくても、会社は皆さんの責任を常に考えています。組織というものはそういうものです。ある程度の不確実性を知りながら、責任を持って動くのが管理職でありリーダーなのです。ともあれ、一〇〇％確実な下での仕事はこの世の中には存在しません。一〇〇％の確実性を求めることは幻想にすぎないことを明確に自覚し、割り切った発想を持つことを覚える必要があるのです。

同様に、フィーラーは完全な合意や賛成を得ることを目指す傾向があります。しかし、一〇〇パーセントの満足を他者から得る事ができる案を作り上げることは常に不可能です。ですから、ここでも割り切りが必要になるのです。あなたの意見や決定に満足を持てない人が現れることを恐れてはいけません。不快な気持ちを与える人が出てきても良いのです。あなたの責任を持つ態度や誠実な態度があれば、その案に満足できなくても、あなたを理解し一緒に進もうとする人が集まってきます。ですから、どこかで割り切った意思決定をすることが重要になることを忘れないようにすることが大切です。このセンスは、フィーラーとシンカーの仕事のスピードアップに大きく貢献します。

今まで、シンキングとフィーリングという二つの機能を見てきました。読者の皆様も改めてこの二つの機能の価値がお分かりになったと思います。私たちが生活し、仕事をする際に、この二つの要素は欠くべからざる要素になるのです。ですから、シンカーとフィーラーが真に協力し合えるなら、素晴らしい思考を展開できる可能性があります。そして、一人の人間として、この二つの要素を使いこなすことができるなら、大きな価値を生むことになります。二つの機能の価値を心にとどめながら、さらに探求の旅路を歩んでいきましょう。

シンカーへのマネジメント・フィードバック

シンカーの外向性・内向性

シンカーは、外向性、内向性共に、影になっている感情の表出は少なくなりがちで、クールなイメージを持つ傾向があります。外向性では対象に焦点を当てつつ合理性やメリットなどを追及していく関係で、非常にビジネスライクな言動を示します。実際のところ、企業の幹部には外向性シンカーを数多く見出すことができます。内向性の強い人は情報やデータの分類・吟味に時間をかけ、最も深みのある思考を展開する能力があり、研究的な分野で力を発揮する人が多く見受けられます。

外向性シンカー

外向性シンカーは、対象に視点を置きながら、定められた基準やルールを基に、理解や意思決定を進めます。そして同じ基準やルールで自分自身を律して行きます。また、そのルールや法則を他者にも伝えていく言動を示す傾向があります。対象に対してエネルギーが向かっているシンカーであり、人間や事象に対する注意力と合理性が結び付いたビジネス向きの特性を持っています。基準に沿った仕事の進め方を持ち、そこから外れることを嫌うため、堅実性と誠実性を感じさせる傾向があります。同じ外向性でも他のタイプと比較すると交流感は低くなりますが、外向性シンカーは整然としたイメージを持ち、静かな笑顔を持って、そつなく他者に対応できます。合理的思考が要求されるビジネスの分野で成功していく例が多いですが、他者に関心を寄せる態度を持つため、人とのかかわりの強い職業分野でも活躍できます。ただし、内向性フィーリングが影になっており、他者の感情にうまく対応することは不得手です。しかし、相手の立場で考えることを通じて、ある程度フィーラー要素の不足はリカバリーができます。基準に対する強い思い入れから、批判家や批評家、告発者的な言動をとる傾向がありますので、行き過ぎないよう注意が必要になります。視野を広げ、他者の気持ちを考える習慣を持つこと、新しい発想に心を開くことなどの心掛けによって、人間としての厚みを増やすことにつながります。

マーガレット・サッチャーやヒラリー・クリントン、ナポレオン・ボナパルトが外向性シンカーの傾向を強く持っています。

内向性シンカー

内向性の力と思考の力のコンビネーションで、多くの情報の抽象化を押し進め、「法則」や「方法論」を作り上げる傾向があります。内向性シンカーは、他のタイプと比較し、一歩抜きんでた、卓越した思考力を示すことが多いと言えます。しかし、自身の思考が第一優先となり、場合によっては現実や他者を軽視したり、無視したりする傾向があります。シンカーの思考は深化を求めて拡がりは求めない傾向があるため、視野を狭くしてしまうことがあり、特に要求されていることや顧客のニーズに焦点を合わせることを忘れないようにする必要があります。また、その場を支配する空気を読むことが不得手であることが多いと言えます。

内向性シンカーの能力開発で最も重要なポイントは、自分の抽象化思考の中に全体性や俯瞰性を組み入れることと言えます。これは、自分の立場や都合だけでなく、関係者の立場に立って状況を理解する視座の獲得も含まれています。これによって、仕事の質や対人的な効率性が大きく高まる可能性があります。

また、内向性シンカーは、物事を深く考え、意味を引き出し、常に自分なりの基準で合理的に行動を展開しますが、納得がいくまでは重い腰を動かさない傾向があります。このあたりも、組織に対する影響を考慮することを忘れないようにすると良いでしょう。絶対的な完全性を求めず、どこかで割り切る気持ちを持つことが肝要です。会議等では、事前に内容を掴み、準備することで貢献度を高めることができます。静的かつ整然としたイメージを持つ人が多く、特定分野の専門家として大きな成功を収める例が多いと言えます。外向性フィーリングが影になっています。

プーチン大統領、アマゾン創業者のジェフ・ベゾフ、エマニュエル・カントは内向性シンカーの傾向を示しています。

シンカーの三大留意点

シンカーは分析力を基礎にしたシステマチックなアプローチをとるため、妥当性、正確性、確実性、計画性等が発揮され、組織において重要な役割を果たします。一方、シンキング機能の暴走とフィーリング機能の機能不全から幾つかの問題を生み出すことがあります。以下の三点に留意してみましょう。

シンカーの留意点1：固さ

シンカーは、計画性を持った堅実な仕事ぶりを展開します。すべてのプロセスを事前に設計し、その通りに仕事を進める傾向があります。これは素晴らしい価値ある特性ですが、このような習慣が、融通の利かない固い言動、あるべき姿からずれた人に対するきつい対応、表情の固さ、意思決定での固さなど、様々な固さに結び付いてしまいがちになります。

堅実な思考は、過去や現在の事象を踏み越える発想を持たないで、現状に結び付いた思考や発想を繰り返してしまう強い傾向を示します。すでに起きたこと、過去に実証されたこと、そして、実例をもとに意思決定をする傾向が強いのです。これは失敗を回避する意図から生まれる自然な心理的機能です。しかし、これに縛られていると、飛躍を生んだり、大きな革新を生んだりすることにはつながりません。これでは変化の時代の舵取りは難しくなります。このような強い傾向を自分の中に見出している人は、インチュイターから自由な発想を学ぶ必要があります。

また、シンカーは、自分自身が合理的と考える思考の枠を持っており、その枠からずれた部下を一方的に批判することがしばしば起こります。特にフィーリングの分化が遅れていることがあり、かなり強い一方的な批判や攻撃となるケースがあり、それがハラスメントとみなされてしまう可能性があります。指導については、お子さんへの指導を例に出してみましょう。お子さんが宿題に出された作文を書いている時、その作文に目を通して、お子さんの気持ちを考えず、一方的に問題点を指摘するようなことをシンカーはしてしまいがちなのです。この指導では、お子様が獲得できるのは、コンプレックスだけということになってしまいます。部下に対しても、問題を指摘したり、滔々と教え諭したりする形をとることが多いのです。残念ながら、このようなアプローチは効果が上がらないだけでなく、上司に対するネガティブな感情を生んでしまう可能性があります。問題の指摘や改善については、部下と視線を合わせ、部下に気づきを与えるアプローチをとることが重要です。さらに、一回で指導が済むと考えずに、フォローアップを加えて、段階的に指導していくことがもっとも効果的アプローチになります。人の言動は機械を直すようには簡単には変えられないこと、学ぶ人のプライドや主体性を大切にすることを常に考慮に入れる必要があるのです。

この固さは、人との付き合いの中でも表出します。時間の枠組みを何よりも重視しながら、人間関係をないがしろにする言動はシンカーに偏った人にしばしば観察されます。あなたが、駅で偶然に旧友に出会ったとしましょう。五分だけ時間があります。フィーラーの要素を発達させている人は、その五分を精一杯その人との会話に使うでしょう。フィーラーに偏りすぎた人は、その五分を超えてまでその友人に使おうとします。しかし、シンカーに偏った人は、その場で、一言で済ませてしまう傾向があります。この言動を当然と思うシンカーのビジネスパーソンは多いと思われますが、本当に当然でしょうか？　あなたの人生はそれで充実したものになるかを自問自答してみると良いでしょう。日本語では人を表す言葉に「人間」と言う言葉も持っています。人は、人の間で生きる社会的な動物なのです。人間よりも、時間感覚を優先させる傾向を持ちすぎていると、リーダーシップの上でも、何らかの機能不全を生み出す可能性があることを指摘しておきたいと思います。それは、人を大切に考えていない象徴的な言動だからです。

また、シンカーは、表情に固さが出ることが多くなります。集中思考をする際は、誰でも顔つきから感情表現がなくなり、堅い非友好的な表情を持つことになるため、仕方がないのです。結果として、近寄りがたい、孤高なイメージを与えることがあります。交流感や友好性が不足し、相手にストレスを与え、実際にコミュニケーションも不足してしまいます。心当たりがある方は、笑顔の練習に励むことをお勧めします。ここでは多くを書きませんが、管理職やリーダーが持つ表情は、組織の活性化のために、かなり重要な要素であることを付け加えておきます。

また、情報が十分に手に入らない時や不確実性が高い状況では、論理的思考が展開できなくなるため、シンカーは躊躇したり逡巡したりする傾向を示します。私たちは、組織全体を見やる全体性を持ちながら、意思決定をする必要があります。意思決定を実行する危険と共に、実行しなったことがもたらす損失を比較検討し、実行しないことの損失が大きいと判断されたときは、思い切った意思決定を展開していく必要があります。ともあれ、シンカーがその機能に柔軟な態度や全体性、調和性を付加した時、その機能は最大限に発揮されると言えます。

シンカーの留意点2：分かりにくさ

シンカー傾向が強いと、すべての意思決定に根拠を求め、正確に、論理的にかつ分析的に仕事を進めようとします。このことが、図らずも、分かりにくさを生み出してしまうケースがあります。この問題を克服していないシンカーは大きな損失を経験するため、整理しておきましょう。

シンカーは情報に対して特別な執着心があり、情報収集に強い熱意を持つことが多くなります。商品を購入する前に数多くのカタログを収集する発想はシンカーの持ちがちな発想と言えます。情報に対するこだわりが強いため、しばしば他者への説明にも細かな情報を溢れさせ、くどさのある説明を提供する傾向があります。このくどさは、分かりにくさを感じさせると共に、他者に苛立ちを与えることがあります。特にセンサーやインチュイターは細かい情報やくどい説明に嫌気を示すケースが少なくありません。必要な場合は要約を提供したり、細かい資料を追加資料として添付する形にして、シンプルで分かりやすい説明や文書作りをする必要があります。すっきりと要点をまとめる心がけがシンカーを成功に導くための重要な要素になると言っても良いでしょう。ちなみに、事業計画書を書く際、必ずエグゼクティブ・サマリーという要約を最初に持ってきます。多くの場合、事業計画書の中で、一番力を入れて作り上げる部分です。このエグゼクティブ・サマリーの精神をいつも心にとどめることが重要です。

また、思考自体が集中的に収束する関係で、思考に広がりを持たないことがしばしば指摘されます。説明などが自分の立場からの説明になり、説得力を持たないのです。特に内向性の強い人にその傾向が強く表れ、顧客や関係者を含む他者の立場からの多角的検討や説明が不足することがあります。これも、他者の立場では分かりにくさとなってしまうのです。

さらに、現在進めていることの目的を見失うことが多いので注意が必要です。例えば、ある分析作業をしている時、正確に分析することだけにエネルギーが傾いてしまうのはその一例です。目的が分析になってしまうわけです。これは、会社の立場で見ると、分かりにくいものになってしまいます。会社はその分析結果を何か特定の目的に使いたがっているわけで、その目的に沿った情報の整理や説明の仕方が求められます。会社の立場で考える思考が必要になっているのです。知的な活動を得意としている人にも拘わらず、分かりにくさや目的を失った仕事をする傾向が出てしまうのは望ましいことではありません。このようなことを克服したシンカーは、仕事の真の目的を意識しながら、情報を受け取る人に焦点を合わせて、理解しやすい形で表現していきます。そして、組織の中で重要な役割を演じるようになるのです。

シンカーの留意点３：感情機能の弱さ

シンカー傾向が強くなると、思考や意思決定の過程から感情の要素が排除される傾向がでてきます。これは、論理やメカニズムに思考の焦点が集まることから生じる極めて自然な反応です。偏ったシンカーにとっては、あらゆる感情的要素を排除することが重要であり、心地よいことと認知されるからです。しかし、ビジネスには常に人間が絡んできます。私たちが行う様々な活動は、最終的には一定のターゲットに向けられるようになり、そのターゲットは感情を持った人なのです。自分たちの仕事の行先を私たちは「顧客」と呼ぶことがあります。この顧客には、商品やサービスを購入してくださる人、商品やサービスを使ってくださる人の他、「社内顧客」と呼ばれる社内の別の部署や同僚、上司や部下まで含まれます。私たちはこのような顧客の感情に目を配る必要があるのです。顧客に感情移入し、彼らの感じていることを感じ取ること、あるいは、あなたの判断力を相手の立場に置き、相手の立場で考えることを実践していきましょう。

実は、シンキングに強く偏りすぎると、他者の立場で考えるどころか、他者に関心を向けることができなくなることがあります。このような態度は、他者を障害物として見るような、未熟な発想を育てることがあります。電車の中で、自分の前にいる人を障害物として見るような発想です。このような発想の下では、計算高さだけが目立ち、未熟な言動が表面化することになります。これでは、組織内で信頼され、リーダーシップを発揮することは不可能と言えます。ちなみに、他者を障害物として見たり、他者に関心を払えなかったりする言動は、フィーリングの非常に遅れた言動ということになります。他者を障害物として押しのけたいと思う衝動は、補償作用の結果、無意識の世界から飛び出してきた発達の遅れたフィーリング機能として捉えることもできます。

自分が何らかの考えを述べる時も、複数の関係者の立場で、自分が述べようとしている内容と使おうとしている言葉を事前に感じ取ってみる必要があります。合理性や論理性だけを追求してきている人が、いきなり他者の感情を意識したり、他者の感情に応えたりすることは難しいことがあります。ですから、多くのシンカーにとってはこれが落とし穴になってしまうことがあるのです。この時に有効な知恵があります。それは、あなたを一人の紳士、あるいは淑女として、すべての他者に対して親切に接することを実践するのです。電車の中でもご近所付き合いでも、意見を述べる時も、スピーチの原稿を書く時も、常に紳士・淑女として行動するのです。組織の中でも、「何かお手伝いできることがありますか?」というような気持ちを常に持ちながら、仕事をするわけです。この紳士・淑女としてのマインドは多くのシンカーを変貌させることになります。ドライな人格から、他者に配慮が行き届く、一段上を行く人格を獲得できます。そして、このような紳士・淑女としての言動をとっていく中で、次第にフィーリング機能も分化させていくことができるわけです。

シンカーは、ビジネスにおけるもっとも難しい局面の一つである交渉を得意としていないことが多いと言えます。外向性センサーやインチュイターの圧力に圧倒されることが多いのです。しかし、交渉する時は、判断力の交渉相手への移入が重要な役割を演じます。優秀な交渉者は、あらゆる提案や相手の提案に対する対応をする際、相手に判断力と感情の移入をして戦略を考えます。まず自分を相手の立場に置いて、相手の立場で状況を分析し、考え、感じようとするわけです。つまり、そこで使われるのは客観性のあるシンキングであり、フィーリングなのです。あなたの得意とするシンキング機能を相手に投影する力が交渉準備のカギを握っていることを覚えておきましょう。

また、リーダーシップを発揮するためには、いろいろな言動が必要になりますが、重要な言動の一つに魅力的なビジョンや方向性を示すことが挙げられます。収束思考が得意なシンカーは、ビジョン等、幅のある方向性を示すことが不得意なことがあります。仮にシンカーがビジョンや方向性を示すことを学んでも、それが相手に魅力的になることに骨を折らない傾向が出てきます。ですから同僚や部下達が何を魅力的に感じるかを敏感につかみ取ることが必要です。自分でつかみ取ることが難しい場合は、他者からインプットをしてもらえば良いのです。また、皆さんが部下や社員を大切に思う心に、彼らは敏感に反応します。彼らのことを真剣に考え、大切に考え、気持ちを共有することができた時、多くの人があなたに近づいてくるのです。そして、あなたに感情移入をしてくれます。しかし、あなたが誠実さを欠き、自己中心的な言動に支配されていたら、誰も感情移入はしないでしょう。また、あなたが支配性を特に発達させたセンセーションと共にこのシンキングを活用していたら、あなたは面従腹背の部下だけを引き連れている可能性も出てきます。このような他者の感情の動きにも理解を持つことが大切です。

もし、シンカーが感情機能をある程度発達させたなら、発達させた合理的機能とのコンビネーションで、卓越したリーダーシップを発揮することができるようになります。従って、皆様の内部にフィーラー的な要素を育てていくことは、極めて大きな意味があるのです。ビジネスにおいてシンキングを主要機能に持つ優れたトップリーダーを多く見出すことができますが、実際に会ってみると、彼らの言動には、フィーラーの要素を見出すことができるのです。

シンカー傾向の強い方が持つべき小さな心がけ

①相手に関心を持ち、相手の立場で考えてみよう。
②気持ちだけで動かされる人が半数近くいる現実を理解する。
③他者を手段や障害物としてではなく、配慮する対象としてみる。
④コミュニケーションを大切にして、反応の質を高める。
⑤情報を提示する際は、判りやすさを心掛ける。

フィーラーへのマネジメント・フィードバック

フィーラーの外向性・内向性

この心理的機能でも、外向性と内向性で、イメージは大きく異なってきます。外向性フィーラーの場合は、相手の感情を見事に感じ取り、積極的に支援精神を持ちながら相手にかかわっていく特性を発達させていることが多いのです。外向性フィーラーからは友好的なエネルギーが周りに放射されます。内向性フィーラーの場合は、派手な所がなく、落ち着きが光ります。自分の内部には豊かな価値観を持ちますが、それらを表面化させず、謎めいた不思議な調和感を漂わせます。一見冷たい人と勘違いを受けることもあります。

外向性フィーラー

外向性フィーラーは、他者が求めていることに対して敏感で、それを満たしていこうとする積極性があります。順応性や対応力が高く、空気を読む名人ともいえます。組織や方針、人を尊重する気持ちが強く、相手に対する配慮や思いやりを行動で表現していきます。他者と積極的にかかわっていく気持ちが強く、強いエネルギーを持って交流します。交流性や外交性に関しては、一流のレベルに達していることが多いと言えます。自分が受け入れることができる人に対しては、限りなく親切に接していきます。流行に敏感なことも多く、個人的成功に関心を持つことも多いと言えます。

その一方、思考は感情に押さえつけられた隷属的な地位にとどまり勝ちです。感じることができないことに対して思考することは不得手であり、思考は排除されがちになります。補償的に無意識の世界から飛び出してくる思考は洗練されていないものであることが多いので留意が必要になります。内向性シンキングが影になっており、シンキング機能の開発によって、高いバランス性のあるビジネスパーソンとして、ビジネスにおいて存在価値を高めることができます。実際に、ビジネスの中の重要なポジションを占めている外向性フィーラーは多く、活気あふれた組織を自然に生み出す傾向があります。

歌手のエルトン・ジョン、前イギリス首相のトニー・ブレア、ネルソン・マンデラ等が外向性フィーラーの特徴を持っています。

内向性フィーラー

内向性フィーラーは、価値観や定められたルールをベースに、落ち着いて対応する安定感を持っています。安定した調和性を漂わせており、感情は平静に均衡されていて、情動を肥大化することはほとんどありません。組織において、重要な事務系の作業や専門職で力を発揮するセンスを有しています。組織に対する忠誠心が高いので、納得した方針や考え方を基礎に誠実な仕事を展開します。相手に対し、積極的にかかわることがないので、近寄りがたいイメージを持たれることがあることを覚えておきたい。ユングは諺を引用し、内面に豊かなものを持つ内向性フィーラーのことを「静かな流れは底が深い」と表現しました。リビドーが内側に向いているため、外向性フィーラーのようには空気を読み切れず、交流感は低くなっており、場合によってはよそよそしさを感じさせることもあります。これが、表面的な言動しか読めない他者には、「冷たさ」として目に映ることがありますので要注意です。内向性フィーラーは自分の内面で動機づけられた時、控えめに他者との交流を推し進めていきます。しかし、周りからは理解されにくいところがありますので、自分の主張したいことを明確に表明するよう、心掛けることが必要です。ストレスがかかると、逆に他者が何を考えているかが気になりはじめ、自分自身に大きな疲労感をもたらす傾向があります。このような時は、信頼のおける同僚に相談し、話し合うと良いでしょう。内面には明確な価値観があるため、それに反することは譲れない頑固さがあります。また、変化に対し、ある程度、許容量を持つことが必要になることも覚えておくとよいでしょう。目立つことを期待しないが、忘れられたくない気持ちを持っています。外向性シンキングが影になっています。

マイケル・ジャクソン、オードリー・ヘップバーン、ジョン・レノンは内向性フィーラーの特徴を持っています。

フィーラーの三大留意点

フィーラーは内面にある価値観、信条、信念やそこから生まれる好き嫌いの基準で対象を評価する傾向があります。影になっている未分化なシンキング機能に由来する問題点とフィーリング機能の過剰性が生み出す問題点の両方に留意することが必要です。

フィーラーの留意点1：論理的要素からの逃避

フィーリング機能に強く偏ったフィーラーは、論理的・合理的な意思決定のアプローチを避け、自分の価値観や認識をベースに意思決定を行う傾向があります。しかし、組織における意思決定の基本的な枠組みは、シンキングを通じて行われることを覚えておく必要があります。フィーリング機能をビジネス環境で使う場合は、自分がどう感じるかではなく、関係者の感情を理解することを目的にすることになるわけです。他者の立場に立って感じ取ったことを基に見解を表明したり、他者の想定される感情に事前対応したりすることができるわけです。例えば、消費者の気持ち、顧客の感情、部下のやる気や動機付け、社員全体の予想される反応などについて、他のタイプの方には認知できかねることを把握することができます。同様に、自社が提案する内容や利用する言葉が、顧客や一般大衆にどのようなインパクトを与えるかについても、フィーラーならではの感受性で吟味することができます。

論理的要素からの逃避と関連して、フィーラーに強く偏った人の中には、手順を踏んだ、ステップ・バイ・ステップの仕事の仕方を避けたい衝動に駆られる傾向を持った人もいます。これは、無意識的反応と言えます。現在、多くのオペレーションは複雑性を増していることから、この性向が強すぎる人は、何らかの形で、自分を制御する訓練を積む必要があります。手順は、経験を統合して作られた価値あるものが多いのです。ですから、ジックリと、手順を踏んで進める態度を持つことはビジネスにおいては、欠くべからざる習慣になることを覚えておきましょう。特にインチュイッションを強めに持つ人は要注意です。

会議での意見の発表で気を付けるべきことは、前後関係を無視した脈絡のない意見表明やコメントを避けることです。唐突な意見表明は、状況によっては、他の出席者に対し、かなり悪い印象を与えることにつながるので、留意が必要になります。脈絡を欠いた意見表明は、発達の遅れたシンキング機能であり、補償作用としてフィーラーの意識に唐突に飛び出してくる動的な要素として自覚しておく必要があります。シンキング機能を高める中でこのような補償作用が生み出す言動は解消されます。

これに関連して、フィーラーは論理を超越した自分の持つ価値観、信念が正しいものであるかを確認する必要があります。そのような信念は、正しい場合もあれば、幻想である場合もありえるのです。特に注意すべきことは、社会的に集合的な幻想を持つケースです。社会的な錯覚、集合的錯覚の中で、自分を見失っていないか注意が必要になります。

フィーラーの論理性を高めるもう一つの方法として、接続表現の使い方に十分に注意することが挙げられます。接続詞等の接続表現は論理を構成する中心的な役割を果たしています。ところが、論理性に十分な配慮をしない人は、雰囲気だけで接続表現を選ぶことがあります。例えば、「しかし」などの逆説の接続詞を、逆説関係にないところで気楽に多用してしまうようなことがしばしば観察されます。このような傾向がみられる方は、話す時も文章を書く時も、接続表現に注意を払うことによって、論理性を高めることができるわけです。

フィーラーが他者の感情を配慮しつつ、論理的で筋の通った意見展開ができるようになった時、特別な個性を生み出します。バランス感覚が光った管理職となり、多くの社員は、そのような上司を持ちたがるはずです。さらに、フィーラーとシンキングのコンビネーションは様々な角度から仕事上の準備が進められる関係で、質の高い成果を生みやすく、大型のプロジェクトにおいて、単なる知だけでは決して得ることのできない大きな成果を生み出す可能性があるのです。私が個人的にかかわった海外での人事案件についても、その国の習慣や民族的特性を十分に理解している一人のフィーラーの存在と、彼のイニシアチブが成功のために大きな役割を果たしていました。

フィーラーの留意点２：配慮のし過ぎ

成熟したフィーラーは、相手に感情を移入し、相手に強い共感性を持つことをごく自然に実行できます。このあたりは、他の心理的機能を主要機能とする人には考えも及ばないことなのです。早い話、成熟したフィーリング機能だけが持つ、独特な特性と言えます。しかし、このような言動は、相手に対する行きすぎた配慮や遠慮行動として表面化することがあります。それが、フィーラーの主張性を抑え込んでしまう傾向につながるのです。健全な組織は多様性のある意見を求めているため、主張を差し控える言動は美徳にはつながりません。

もしあなたが、他者に対する配慮や遠慮から意見を差し控える傾向がある場合は、アサーティブの精神を持つことで解決されます。アサーティブとは、相手が受け入れやすいように積極的に主張する態度のことを言います。アサーティブになるための一つの方法として、あなたが相手の立場や相手の心情を十分に分かっていることを示しながら、あなたの意見を堂々と開陳するアプローチがあります。あなたが他者についてどの様に感じているかを付け加えるだけで、あなたが持つ異論に対する相手の受容力を高めることになります。なるべく相手が受け入れやすいように、相手の気持ちや立場を要約した上で、あなたの見解を堂々と話して下さい。「おっしゃることは良く分かります。それは確かに正しい面があります。しかし、……のように考えることもできます」というように、相手を認め、理解を示しながら反論することができるのです。異論を受け止め、堂々と対峙し協働する態度が付加されたとき、フィーラーは本当の強さを発揮できるのです。

また、ビジネスの場面における強い交渉や大きな問題に対する対応が苦手になるフィーラーもいます。フィーラーはもともと心情が敏感なため、心情に強い刺激になることは避けたい気持ちが働いてしまいます。しかし、このような対決状況も人間を相手にしたものですので、フィーラーの持つセンスは非常に価値があるものとして活用できます。フィーラーならではの方法で堂々と相手に対峙できるのです。相手の出方や感情を予測しながら準備をすることはフィーラーが得意とするものです。このような相手の感情の先読みは、交渉戦略を構築する際、重要な意味を持つことになります。また、お互いが受け入れることのできる着地点を探し出すのもフィーラーが得意とすることです。ですから堂々とした態度を持って、あなたの能力を使うことが大切なのです。

強くフィーラーに偏った人は、他者への配慮が行きすぎ、事実と違うことを表明してしまうこともあるので要注意です。相手を安心させようとする言動によってあなたの信用を失ってしまうことになりかねない言動です。この八方美人的な言動の背景には、「すべての人に好感を持たれなければならない」という非現実的な信念が無意識の中で息づいている可能性があります。この信念は間違った信念です。そして、八方美人的な言動は、フィーリング機能が誤った暴走を起こしている姿と言えます。あなたは、すべての人を満足させることはできませんし、一部の人に嫌われてもいいのです。それよりも、あなたの中に統一性、誠実性を打ち立てることが大切です。

フィーリングは、「和」を実現するための重要な心理的機能になります。「君子は和して同ぜず、小人は同じて和せず」という孔子の言葉は、私たちに多くのことを語ってくれます。優れた人物は、協働するが、いたずらに賛成したり、同調したりすることはないということです。そして、とるに足りない人間は簡単に賛成や同調するが、真に協働することはないという言葉です。「和を持って貴しとなす」という有名な言葉で始まる聖徳太子の十七条憲法の第一条には、まったく同じ精神が流れています。チームに和をもたらすために、一人ひとりの考えを活かしつつ、統合するようチームに働きかけることは、フィーリング機能の持つ一つの社会的使命であると言えます。ともあれ、表裏のない誠実性と和を志向する精神は、あなたの大切な資産となることを忘れないようにしましょう。

また、先程例に出した配慮のし過ぎの言動は、部下に対する統制力の不足として表面化することがあります。未熟なフィーラーは、部下の持つ問題を話し合ったり、必要な指示を与えたりすることができない経験を持つことがあります。そして、部下に対し、厳しく指示命令できる管理職にコンプレックスを持つフィーラーも出てきます。しかし、一方的な態度で部下に対し指示命令したり、自分の判断を伝えたりするアプローチは決して効果的ではありません。ですから、そのようなアプローチを得意とする人に対してコンプレックスを持つ必要など、まったくないのです。

そこで、フィーラーの方々が無理なく実施できる効果的な仕事の与え方について、説明しましょう。まず、部下に情報を十分に与え、状況についての理解を共有することから始めます。そして、必要な目標と活動計画を、部下に策定させたり、部下を巻き込んだりしながら、部下と共に明確にしていきます。部下と共に動く場合は、あなたの期待を伝えたりしながらも、なるべく部下の主体性を喚起しつつ決定していくわけです。このプロセスでは、達成すべき必要条件や達成期限を明確にします。続いて、それを実現するための具体的行動計画をなるべく部下に作らせる形でかかわっていきます。最後に、途中経過を確認するためのフォローアップミーティングをするための日時を明確にして、お互いのカレンダーに落とし込みます。このように、なるべく部下に主体性を持たせながら、何を達成し、そのために何をしなければならないか、そしてチェックの期日を明確にするわけです。振り返りは、フィーラーのセンスを活かし、部下の主体性を尊重しながら、達成したことや達成できなかったこと、学習したことを整理させていくアプローチをとります。必要なら、フォローアップミーティングは何回でもセットします。強制力で動かすのではなく、部下の主体性を尊重しながら、強くコントロールしていくアプローチです。このアプローチは、口先だけで勇ましく命令するタイプのマネジャーの何倍もの統制力を発揮します。勇ましいマネジャーは、一言、「やっておけ！」で済ますことが多く、そこには、動機付けの喚起もありませんし、仕事の明確化も統制管理力も全てが不足しています。フィーラーの得意な感情の移入を通じて、相手の状況を深く理解しながら、部下の側に主体性をなるべく多く持たせつつ、統制管理もきちんとしていく態度は最強のマネジメント手法と言って良いものです。ちなみに、このアプローチはフィーラーだけでなく、全てのタイプの人が活用できるアプローチです。これは、ドラッカーが発明した「目標による管理と自己統制」のアプローチであることは言うまでもありません。

フィーラーの留意点３：現状の過剰擁護

フィーリングには、他者や組織、現在使っている物やシステムを大切にする特性がありますす。そのため、組織や使用しているシステムを変更することを非常に嫌う傾向があります。

従って、保守的傾向の出すぎが起こることがあるのです。変革を実行しようとする組織の中で、反対方向のベクトルを持った動きをしてしまうことがあるので要注意です。組織の進化・発展のために、使用しているシステム等を変更することは珍しいことではありません。現状に対する過剰な擁護精神、固着性をある程度修正し、客観的な判断力や柔軟な対応力を身に付ける必要があるフィーラーは比較的多いと言えます。もし、変革や変更に対する上司の説明が不十分な時は、必ず上司と話し合ってください。上司に積極的に質問をしたり、追加の情報提供を依頼したりしましょう。

フィーラー傾向の強い方が持つべき小さな心がけ

①自分の考えをアサート（主張）する習慣を持つ。
②配慮を展開しながら、堂々と反論や異論の展開をしよう。
③自分の気持ちでなく、関係者の気持ちをベースにした見解を示そう。
④組織改革やシステムの変更に際しては、メリットを吟味する。
⑤文書や意見を出す際、筋道、主張を支える根拠、論理構造に関心を払う。

第四章と第五章を通じて、四つの心理的機能について、探求をしてきました。最後にユングがこの四つの心理的機能について、簡単に整理した言葉を紹介したいと思います。

感覚〔センセーション：引用者注〕は私たちに何が存在しているかを告げ、思考〔シンキング：引用者注〕は、それが何であるかを告げ、感情〔フィーリング：引用者注〕はそれが快感を与えるかどうかについて告げ、直感〔インチュイッション：引用者注〕はそれがどこからきてどこへ行くかを告げる。(7)

＊＊＊

主要機能と補助機能の決定

今まで、認知的機能と判断的機能を探求してきました。皆様は認知的機能についてはセンセーションとインチュイッションのどちらを良く活用しているか、判断的機能についてシンキングとフィーリングのどちらを良く活用しているか、判定ができているかと思います。そして、その二つのうちのどちらか一方が四つの機能の中で一番活用している「主要機能」となり、もう一方が「補助機能」となります（もう一度、91ページの図7をご覧になってください。）現在、皆様の関心ごとは、自分の主要機能と補助機能はどうなっているかということだと思います。

今までの説明から、自分に一番フィット感があるのがあなたの主要機能と考えてもかまいませんが、もう少し慎重に判断するために、認知的機能と判断的機能を振り返りつつ説明してみましょう。

認知的機能は情報入手系の心理的機能で、現実を具体的に捉えるセンセーションと洞察的に捉えるインチュイションの二つの機能がありました。判断的機能は情報処理系の心理的機能で、論理性・合理性等の価値観を基礎に判断するシンキングと、信条や信念、美的感覚等の価値観を基礎に判断するフィーリングの二つの機能がありました。主要機能を見出す一つの正統的アプローチは、通常、自分を支配している機能が認知的機能か判断的機能かを判定して決定する方法です。

行動する際、その背景に何らかの信条や信念、合理的意図や論理的判断を伴うスタイルを持っている人がいます。一方では、対象を認知するだけでそれを基に次の行動に移るスタイルを持った人がいます。前者では、何らかの根拠を持った判断が行われていますし、後者では対象を見るだけで何らかの納得を得て、行動に移るスタイルを持っています。前者に属するのはシンカーとフィーラー、後者に属するのはセンサーとインチュイターということになります。この点については第四章「認知的機能について」の中で詳しく紹介させていただきました。

もしあなたが、対象を捉え、現実的センスや洞察的センスで納得を得て、フットワーク良く、直接行動に結び付く傾向を持っていたら、あなたの主要機能はセンセーションかインチュイッションということになります。一方、対象を捉えた後、自分の有する信条や信念、論理性や合理性を基に慎重な意思決定プロセスをたどる傾向を持っていたら、あなたの主要機能はフィーリングかシンキングと言うことになります。仮に、あなたが、外向性で、フィーラーとインチュイターの傾向が強く、どちらかと言うと対象を見て、洞察的な納得を得てすぐに行動を起こす傾向が強いのならあなたは「外向性インチュイター／フィーラー」ということになります。もし、あなたが内向性で、シンカーとセンサーの傾向が強く、どちらかと言うと自分の論理性の価値観に沿って慎重に検討をしてから行動をとっている人なら、あなたは「内向性シンカー／センサー」ということになります。

もう一つのアプローチとして、認知的機能と判断的機能で、はっきりわかるものと判定が微妙だったものをベースに判断する方法があります。たとえは、自分は外向性で、認知的機能に関してはインチュイターが強いことははっきりしている。しかし判断的機能に関しては、シンカー的な部分もあればフィーラー的な部分もある。しかしどちらかと言えばフィーラーだ、というような人です。このような人は、かなりの確率で主要機能がインチュイションで補助機能はフィーリングと言うことになります。つまり、その方は「外向性インチュイター／フィーラー」ということになります。同様に、内向性で、判断的機能についてはシンカーであることははっきりしたが、認知的機能についてはセンサーかインチュイターかはちょっとはっきりしないが、センサーのほうが比較的強いと判断したという人は、かなりの確率で主要機能はシンキングで、補助機能がセンセーションということになります。つまり、「内向性シンカー／センサー」ということになります。これは、二番目に強い機能と三番目に強い機能の活用レベルの差が、一番目と四番目の間の差ほど大きくないことから生まれる自然な現象です。二番目と三番目の差異は小さくなるため、どちらが強いかを判定しにくい時もあるのです。ですから、この感覚は、合理的な基準として使うことができるのです。

最後のアプローチは、自分の影になっている心理的機能について考えてみることです。ストレスの中で仕事をしている時や、突然強い緊張感を感じた時などに、自分はどのような問題言動やブレを起こしているかを冷静に分析するのです。それらの問題言動は、対立している発達の遅れた機能に由来していることが多いため、それを利用して主要機能や補助機能を見出すのです。

自分の一番大きな問題言動として現実逃避的傾向があるということなら、影になっている機能がセンセーションであることを暗示します。従って、その人はインチュイッションを主要機能として持っている可能性があります。自分はストレスがかかると、他者の感情を無視したり、傷つけてしまったりする傾向があるという方は、その人の影はフィーリングで、主要機能がシンキングである可能性が高いのです。中には、補助機能の特定が難しい人も出てきますが、そのような人は、自分の問題言動の表出パターンを複数分析することによって、主要機能だけでなく、補助機能を特定できる場合があります。

これら三つのアプローチで探ってみて、バランス感覚を持って判断していけば、かなり質の高い自己判定ができると思います。

最後にこのようなことを書くと、無責任に思われるかもしれませんが、この主要機能と補助機能については、機能の合一を目指していく「個性化」を考えていくと、それほど大きな問題にはならないのです。比較的強めに出ている二つの心理的機能を自覚できるだけでも十分なのです。私たちは、すべての機能の活性化を目指しているので、どちらが主要機能でも補助機能でも良いのです。しかし、現在の自分の在り方を知っておくことは、悪いことではありません。自己の向上のための目標も立てやすくなるからです。ただし、くれぐれも、判定したスタイルで自分を縛りつけることはやめましょう。あなたは一部の心理的機能を活用することに慣れているだけなのです。そして、私たちが目指しているのはそのタイプへの固着ではないのですから。

第六章　個性化と個性化の過程

個性化とは

ところで、ユングは四者構成のモデルを構築した直後から一つの大きな課題を持っていたと言えます。それは他でもなく「対立した心理的機能をいかに統合するか」というテーマでした。ユングが発見した全体性の元型であるマンダラは、対立した機能を統合した姿を見せており、対立要素の合一（統合）が最後まで彼の重要テーマとなっていたはずです。彼は四つの心理的機能を発達させ、合一を実現することを「個性化」と呼んでいました。

個性化に関しては、私の目の届いた範囲でも、ユングは様々な説明のし方をしています。「自分自身の自己になること」、「人間の集合的使命をみたすこと」、「個性的人格の発展を目標とする分化過程」、「個性的存在へと至る過程」、「ペルソナの偽りの被いから解放すること」、「意識の領域と意識的心理生活の拡大」、など、様々な解説に出会うことになります。実は、個性化については、実現するための具体的目標として捉えるのは適切ではありません。重要なのは、あなたが個性化の過程にあり、個性化に向かって歩んでいることなのです。個性化は高度に人格を発達させたビジョンであり、それを具体的目標としてしまうと、非現実性だけがクローズアップされてしまいます。個性化の過程に入り込み、個性化の完成に向けて努力することに意義があるのです。ただし、その過程に入り込むだけでも、決して簡単なこととは言えません。

ここでは、個性化について、無意識を紹介する際に書かせていただいた全体性と自律性の実現の二つのポイントに絞って書き進めていきます。と言うのは、この二つの要素を深く理解することで、先ほど紹介した個性化についての様々な説明をカバーすることができるからです。

全体性の実現としての個性化

ユングがしばしば描いたマンダラは、四者構成の各要素が中央で統合されるイメージを持ったものでした。これは、彼が集合的無意識の中で発見したイメー

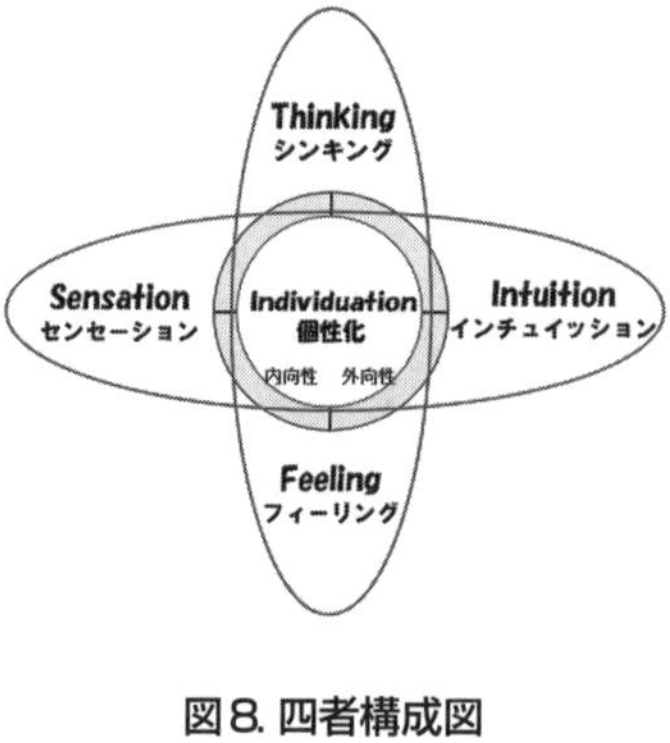

図8. 四者構成図

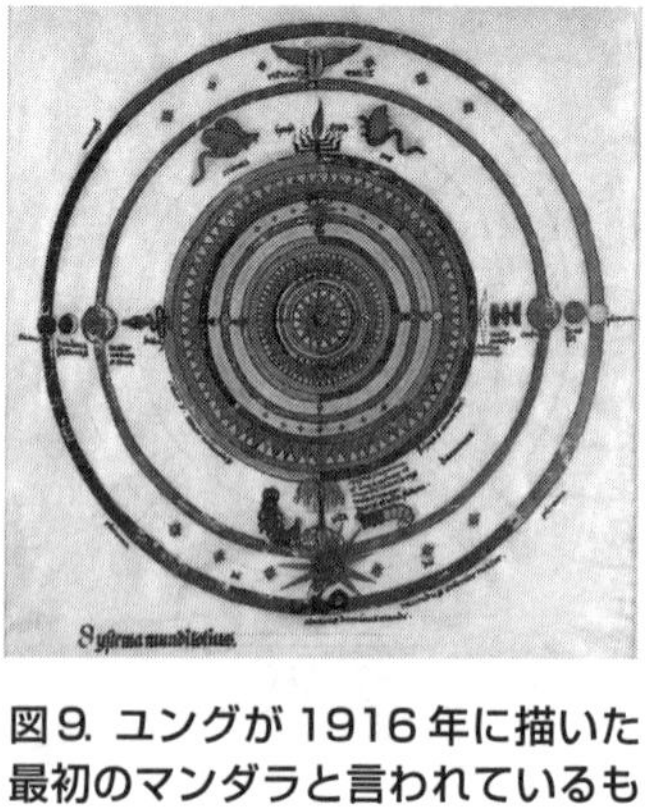

図9. ユングが1916年に描いた最初のマンダラと言われているもの

ジです。対立している要素が存在しており、それらが結合し、統合されるモデルに「合一」の本質性を見出したのです。そして、これが心理的機能の発達と統合性を表現するタイプ論のモデルとして昇華したわけです。私がユングを初めて知った時は、この四つの心理的機能が示された十字型のモデルを単に四つの機能を紹介したモデルとして認識していました。うち二つは分化を進めており、残りの二つは未分化なまま無意識の世界に沈んでいるというイメージで見つめていました。このモデルを、私たちのあるべき姿を示したモデルとして認識し始めるのに、少し時間がかかったと記憶しています。ここにある四つの要素は、全て意識化され、分化が進んだ状態で、統合された姿としても理解できるわけです。

このように捉えることで、この四者構成のモデルは私たちに熱く迫ってきます。私たちの意識にある機能と無意識の世界にあった機能が統合した、私たちが目指すべきビジョンがそこに表されているからです。ちなみに、私たちは、特に自分を高めようとしない限り、主要機能と補助機能だけを主に活用しながら生活していきます。影になっている機能については、何も自覚していない人が大部分と言えましょう。私たちは、不足する能力を持ちながらも、なるべく肯定的に自分を捉えながら自我の世界で生きてしまいがちになるのです。参考までに付け加えますと、このように一部の心理的機能に固着した人が多いために、私たちは、そのような方々に対するコミュニケーションの仕方を工夫することも可能になります。しかし、この四者構成のビジョンにあるように、私たちは無意識の世界に置き去りにしている発達の遅れた二つの機能を分化させ、意識の世界にある機能と統合させるための個性化の過程を歩むことができるのです。

ユングは理論の中だけでなく、自らの人生の中でも個性化の過程を歩んだ人なので、彼を例にして説明を加えてみましょう。若き日にユングに出会うことのできた一人の研究者のユングについての描写は、個性化の過程の中で生きるユングの生き方をよく表現しています。

ユングはどんな人であったかと問われて、カーエン博士は次のように答えている。「偉大なる紳士という感じでした。この根本的印象はずっと消えませんでした。すべての人に手を差し伸べ、相手の言葉で語り、相手の先入観の中に入り込むにはどうすべきかを、彼は知っていました。偉大なる紳士で、その知性は彼の（身体的）存在、優しさ、感受性に勝るとも劣らず、手法は論理的というよりは心理的でした。要するに対立を包含した人でした。[1]

ユングはインチュイションを強く発達させた内向性インチュイターとも、シンキングを強く発達させた内向性シンカーとも判断されることがあります。インシュイッションとシンキングのどちらか一方が主要機能で、もう一方が補助機能であったはずです。若いころの気難しいユングの写真からも、成熟したフィーリングの要素が少なかったことは見て取れます。しかし、このカーエン博士のコメントから、彼が会った時のユングは高いレベルでフィーリングを発達させていることが判ります。また、もともと強い内向性であったユングが、相手に関心を寄せ、相手に近づこうとする外向性も発揮していたことがこの記述から見て取れます。ともあれ、ユングの中に対立する心理的機能や態度が存在し、機能している様子をこの短い文章の中に見出すことができます。ちなみに、個性化は各心理的機能や態度を一〇〇パーセント開発することではありません。河合隼雄先生の言葉を援用させていただければ、個性化とは、「完全性ではなく、全体性の実現[2]」なのです。ユングの伝記や評伝を読む限り、彼自身も決して完全無欠な神のような人ではなく、一面において無邪気で滑稽とも思える言動を示している人であることが分かります。ともあれ、完全なる個性化を目標とするのではなく、個性化をビジョンとして捉え、私たちが「個性化の過程」に入り込み、成熟を目指すことが重要なのです。完全なる個性化をターゲットとすることは、個性化を私たちから遠ざけ、非現実的なものとしてしまう可能性があります。未熟な部分があっても良いのです。これについては、また後程、触れてみましょう。

　また、第一章でペルソナについて紹介させていただきましたが、知らず知らずのうちに無意識にある要素を使って作り上げた偽りのペルソナをかぶる行動も、私たちが意識を広げた時には、消散していくと思われます。私たちが個性化を進め、私たちの意識の中で全体性が発達していくと、偏りを持ったペルソナは存在意義を失い、それをかぶる動機付けも失うからです。

自律性の実現としての個性化

ユングの個性化についての解説の一つに次のようなものがあります。

個性化とは、一般に、個性存在を形成し特殊化してゆく過程を意味し、特殊的には、一般的なものから区別されたものとしての、集合心理から区別されたものとしての心理学的個人の発展を意味する。(3)

ちょっと難しい文章ですが、ここでいう「個性存在」とは無意識に支配されていない自律した人のことを指しています。彼の言葉を簡潔に言い換えれば、個性化は、集合心理に支配されない個性的存在になることと表現することができるかと思います。無意識の世界にある要素は、分化が進んでいないがゆえに、発達の遅れた共通性の高い要素として私たちに影響を与え続けます。さらに自律した生き物のように、時々私たちの意識に顔を出し、私たちを惑わせ、場合によっては私たちをコントロールしてしまうことがあるのです。従って、私たちが「個人」として「個性」を持って存在するためには、すべての心理的機能や態度の分化を進めておく必要があります。

特に注意しなければならないことは、無意識の世界にあるものは同一性が高くなる傾向があるということです。深層にある「集合的無意識」には、元型という同じ要素が存在していることは紹介した通りです。また、私たちが共通の社会的経験を持った時など、意識化を進めていないと、同一性の高い要素を「個人的無意識」の中に形成してしまうことにつながります。ユングは、第二次世界大戦時のドイツの民衆の心の中にそれを見出していました。私たちが意識化を進めることなく生きているとしたら、無意識の世界から顔を出す要素にかきまわされ、集合的に同質の無意識に支配されながら流されていくことになります。これらが集団的なヒステリーや暴走の原因になる可能性があるわけです。意識化の拡大はこのような束縛から私たちを解放してくれるものなのです。先ほどの引用では、この意識化の拡大を、「集合意識から区別されたものとしての心理学的個人の発展」と言う難しい表現で説明していたのです。

もう一度まとめてみますと、ユングの言う個性化の過程とは、四つの心理的機能の成熟を目指す分化の過程と言えます。人が「個人」として存在するためには、意識的分化過程を経て、意識の領域を拡大し、全体性と自律性を持った存在になる必要があるとユングは考えました。個性化の過程を押し進めることで、私たちは一人の個人として、集団性に支配されない生き方ができるようになります。個性化を進めることによって、無意識の要素に強い影響を受けたり、支配されたりすることがなくなります。また、個性化は決して身勝手な個人を作り、孤立を促進するものではなく、より強力な集合関係、社会的関係を作り上げることが

指摘されています。(4)

ユングは、個性化とは違った意味で「ユニークさ」についても触れています。「個人のユニークさとは、決してその実質や構成要素が変わっているということではなく、むしろ、それ自体は普遍的な機能や能力の組み合わせが、ユニークであり、分化のしかたが少しずつ違っているということなのである(5)」と説明しています。個性化は全ての人が全く同じあり方になることではなく、各心理的機能の分化のレベルに違いが出て、ユニークさも作り出すわけです。このような考え方は、ユングが私たちに未熟な部分が残ることを容認していることを明確に示しています。私たちが遅れた機能を持っていても良いのです。私たちに欠点があってもよいのです。大切なことは、私たちが「個性化の過程」に存在することなのです。

個性化の過程

これから、個性化の中で最も難しいテーマとなる心理的機能の「結合」、あるいは「合一」と呼ばれる現象を探ってみたいと思います。これは、私たちが一人の人間として成熟を実現したり、管理職、あるいはリーダーとしての成長を実現したりする際の重要なポイントになる部分です。ユングは『結合の神秘』の中で、錬金術と心理学との関係について、次のように記しています。

錬金術における「結合」の理念は、一つの思想が数千年の経過の中で徐々に発展をとげたもう一方の例である。……しかし、ただちに付け加えなければならないのは、十六世紀にはすでにゲラルドゥス・ドルネウスが、科学の結婚の心理学的側面を見抜き、今日われわれが個性化過程と呼んでいるものの中味をはっきり理解していたという事実である。(6)

彼は、一人の錬金術師、ドルネウス（ゲラルドス・ドルネウス Gerardus Dorneus）の思想の中に、心理学との共通基盤を見出していたのです。つまりユングは、対立する心理的機能を結合させるのと同様の考え方が錬金術の中にあることを発見していたのです。さらに、対立した要素が、結合し、全体性のある存在に高まっていく四者構成について、次のように説明しています。

これらのマンダラに大抵見られる四要素一組の構図も、錬金術師たちの四要素一組の対立構造に合致する。(7)

ユングは、錬金術のプロセスの中に、四つの心理的機能の統合モデルと類似したモデルを見出していました。そして、錬金術のプロセスを通して、個性化のプロセスを説明しようとするユングの試みが、『結合の神秘』という彼が晩年に最も力を入れて書き進めた書物の中で行われているわけです。

錬金術は貴金属を作り出すために、要素の分離や純化、対立要素の結合などの複雑な段階を踏むプロセスを持っています。錬金術で見られる結合の概念は、西洋科学の持つ分析的アプローチとは異なった、合一の世界観を持つアプローチと言えます。ユングは、センセーション、インチュイッション、シンキング、フィーリングの四者の合一のメカニズムを錬金術師の洞察に投影しながら探求したわけです。実際のところ、多くのレベルの高い知的活動の中で、この四つの機能が働いているのを見出すことができます。囲碁や将棋の棋士たちは、ほぼ間違いなくセンセーションもシンキングもインチュイションもフィーリングも総動員して活用しているはずです。センセーションで形勢判断をして、インチュイションやシンキングを使って正しい読みや予測を行い、さらに目の前にいる相手の感情もフィーリングを使ってつかみながら次の一手が決定されているはずです。どれか一つでも心理的機能に強い弱点がある時は、一流の棋士になることはできないと思われます。

同様に、センセーションやシンキングだけに支配されている企業は、急激な変化が起こる複雑化した時代の中で、舵取りが難しくなる可能性があります。大きな変化が同時多発的に生じている現代ほど、管理職や経営者に個性化が要請されている時代はありません。これによって、無意識の中に沈みこみ、制御できない生き物のようであった心理的機能を、積極的に活用できるリビドーに変化させ、四つの機能を活用しながら、レベルの高い戦略を構築することができるからです。私は、マネジメント・コンサルタントとして、特にインチュイッションをほとんど発達させていないセンサー管理職、フィーリングをほとんど発達させていないシンカー管理職の存在をかなり多く見出すことができました。また、シンキングを十分に発達させていないフィーラーの管理職、センセーションを十分に発達させていないインチュイターの管理職も見出してきました。彼らが影にしている心理的機能をもう少し発達させていたら、どれほど素晴らしい管理職、あるいはリーダーになれるだろうとそのたびに思うわけです。この個性化は、多くの管理職やリーダーにとって、現実的なテーマなのです。しかし、この対立した機能を含む要素を統合させるということは、生易しいことではありません。

合一の追求

西洋的発想は、分類や分析を中心とした思考を推進し、科学技術を高め、産業を興してきました。しかしユングは、西洋的発想とは違った考え方をする東洋哲学に強い関心を寄せていました。ユングの心の友であり、中国思想に関してユングに大きな影響を与えたリヒアルト・ヴェルヘルムは新チューリッヒ新聞の中で次のような記事を書いています。

ユングと極東の知恵の間には何ら偶然の一致は存在せず、内的な人生観の深遠な共通性がある。中国からやってきて、古代中国の知恵でいっぱいになった私は、ユング博士のなかに、共通の基盤で私と結びついているだれかとのように、これらのことについて語ることができるヨーロッパ人を発見した。そしてチューリッヒのこの先生とのこうした会話から、私はいかに多くの価値ある刺激を受けたかを、大きな感謝の念をもって、告白しなければならない。だから、私は中国でユングに会ったとも言えるのだ⑻。

ユングは、古代中国思想の権威者が同質性を感じるほど、東洋哲学と等質の価値観を有していたと推察されます。道《タオ》と一体となる道教の教えや儒教の中庸の教えに近い人生観をユングは持っていた可能性があります。ユングは、『結合の神秘』の中で、東洋思想的な性格も有する個性化のプロセスについて探求しています。言うまでもなく、この探求は彼の仕事の総決算とでもいえるほど大きな意義を持つものでした。彼は錬金術師ドルネウスの精神的統一の三つの段階についての考えを紹介しながら、その類似性を指摘しつつ個性化の過程を解説しています。彼は次のように説明しています。

「精神的統一」、すなわちわれわれが今日個性化と呼んでいる内面的統一を、ドルネウスは肉体の克服による諸対立の心的融和、つまり、肉体的に制約された情動性および欲動性の彼

岸における一種のこころの落ち着きと見ていた。(9)

高い精神性が要求される錬金術師が、「心の落ち着き」を獲得する活動の中に、ユングは個性化の要素を見出していたのです。ちなみに、ドルネウスは医学に化学の要素を導入した医師であり錬金術師であったパラケルススに強い影響を受けた医師であり錬金術師でした。パラケルススは化学的医療や精神医療の先駆者であり、人間の体内に共通した要素が独自の組み合わせで宿っていると主張していたほか、「結合」の概念を探求していた錬金術師でもあったのです。(10)ドルネウスはパラケルススに強い影響を受けながら錬金術を探求していきます。彼は、他の錬金術師と同様に錬金術のプロセスに「瞑想」を取り入れており、錬金術の最初の段階から瞑想の力を活用しています。また、「賢者の石」の製造を最終段階にではなく途中経過として扱っています。賢者の石とは、卑金属を貴金属に変性させる触媒となる至高の物質とされているもので、通常、賢者の石の製造は錬金術の到達点とされています。

ユングがドルネウスを通じて整理した個性化の過程は次の三つの段階を有しています。これを表3にまとめていますが、この表については、主に、大項目だけをご覧いただければと思います。ユング自身の解説と四者構成からのコメントについては、読み進めながらこの表を参照いただく形をとっていただければと思います。

表3. 個性化の過程

1. 精神と肉体との分離

〈ユングの解説〉肉体の克服による精神的統一の段階、精神と肉体が再統一される前の精神の肉体からの分離、情動的情緒からの精神の離脱、

〈四者構成での視点〉自己認識の実現、各心理的機能の客観的理解、自己肯定感からの離脱

2. 精神的要素と肉体の再結合（賢者の石の製造）

〈ユングの解説〉一なる宇宙との統一のための準備を整える段階、獲得した認識を現実のものとして用いる段階、パラドキシカルな全体像、

〈四者構成での視点〉四機能それぞれの自分自身との再結合、各機能の機能化、対立する要素を持つ全体性というジレンマを抱える、

3.「神秘的合一」の実現

〈ユングの解説〉全体性をそなえた人間と「一なる宇宙」との結合、意識と無意識の統合、セルフ（自己）の再構築、

〈四者構成での視点〉純化された四つの機能の真の結合、意識と無意識の統一の中で四者の合一の実現、あらゆる対立を統一した実体の創造、

第一段階は、今まで肉体に取り込まれていた精神的要素を切り離し、新たな結合に備えることと言えます。ちなみに、錬金術の考え方によれば、混ざり合ったものが分離され、洗練されると、対立した要素も高貴なものに変化し、葛藤が消え去り、調和を作り出す下地となります。ユングは次のように述べています。「精神と肉体がのちに再統一されるためには精神はまず肉体から分離されなければならない[11]」と。「自己認識」を通じて、客観的に自分を理解し、自分が抱え込んでいた一部の心理的機能をより客観的に見つめ、自分と一度切り離すことの重要性を指摘しているのです。人間が持ちがちな情動的な要素や欲動からも切り離し、純粋に心理的機能を見つめ理解するわけです。彼は次のように続けています。「これは一種の自死である。分離されなければならないのは、結合しうるものは分離されたものだけだからである[12]」と。ちなみに、錬金術の最初のステージには、材料を選び、加熱と蒸留という化学的処理を繰り返し、時間をかけて純化する工程があります。この加熱と蒸留は気が遠くなるほど繰り返されたのです。これは、新しい結合に備えた、調和を生み出す準備と言えるものです[13]。心理学的に表現すれば、自分自身を自己肯定的に理解している認識を捨て、現実を知るということを意味しています。そして、それぞれの心理的機能に関して、私たちが純化した理解を持つことと言えます。

この過程について、ユングは次のように書いています。

現実を覆っている幻想のヴェールをはがされるということは、必ずしも心地良いものではなく、むしろ不快な、それどころか苦痛に満ちたことである。……自己認識は予想もしない広さと深さに通じる一種の冒険である。しかし、心の著しい混乱と闇を解消するには影をある程度包括的に知るだけで十分なこともある。と言うのも影の知識はそれ以前には大抵の場合、夢想だにしなかった人格の問題に気づかせてくれるからである。(14)

実際のところ、自分が慣れ親しんでいる心理的機能が生み出す問題点を見詰めるということは、楽しいことではありません。苦痛に近い経験さえ伴うものなのです。しかし、それは向上のために必要な第一段階と言えます。また、自分自身を「外向性だ」とか「インチュイターだ」とか、「フィーラーだ」とか定義づけて自己の在り方を肯定しているレベルではこの段階には程遠い状態です。ましてや、「フィーラーの私に、そんなことを言わないで」とか、「私はセンサーだから、そういうことには関心が向きません」というような自分が慣れ親しんでいる心理的機能に対する固着と肯定を前提にした会話を展開するようでは、人格の向上どころか、人格の発達を阻害する要因にさえなってしまいます。まず、自分を客観視し、強い結びつきのあった機能を切り離し、すべての機能を受け入れる準備を進める必要があります。先ほどの引用の中でユングが書いているように、影になっている要素を知るだけでも効果が得られる可能性を示しています。

私どもは、マネジメントの現場で、様々な問題行動の心理的メカニズムを理解するだけでも、大きな向上のきっかけになることを確認しています。しかし、自分と強い関係にある心理的機能や態度を一度自身から切り離し、他の心理的機能や態度と共に客観的に対峙するということは簡単にできることではありません。自己正当化をしたい気持ちや現状の固着によって安心感を享受したい気持ち、自己中心的な欲や関連する情動などを自分の馴染みある心理的機能から切り離し、全ての心理的機能に同じ態度で対峙するためには、レベルの高い精神性が必要になります。特に、大きな拒否感やコンプレックスを抱き、敵対心さえ持っている可能性がある対立的な心理的機能と接近するだけでも、自分自身の中で大きな葛藤を経験することになります。このようなことから、第一段階を達成することだけでも、非常に困難なことであることを認識しておく必要があります。体系的に学習することなくこの段階をクリアすることのできる人はほとんどいないと推察できます。ユングは、現代人は大抵この第一段階も達成できないとコメントしています[15]。また、学習の仕方を誤ってしまい、切り離すべき心理的機能とさらに強い関係を築いてしまう人が数多く出ているという現実的問題があります。主要機能を客観視し、自分に不足している部分があることを認め、対立要素の重要性を理解することが第二段階に入る前の重要な準備になるわけです。ともあれ、最初の第一段階から、たいへん手応えのある課題が示されているのです。

第二段階は「精神的要素と肉体の再結合」の実現です。第二段階では、各心理的機能を自分が使える機能とみなしながら、使い始めている段階と判断することができます。象徴的に表現すれば、すべての心理的機能と心理的態度に対して自分自身が個別に関係を作っている段階と言えます。ユングの説明する各心理的機能や態度についての理解を深め、各機能を積極的に活用しようとする心構えを作り、なんとかその機能を使える状態になっているわけです。これも、自然な状態で実現するのは非常に難しいことと言えます。しかし、この本をお読みになっている皆様は、その準備をかなり進めていると言えます。皆様は、四つの心理的機能が、それぞれ重要な役割を果たしていることを既に理解しているからです。そして、多くの方々がすべての心理的機能を活用していきたい気持ちを持っていると推察できるからです。ともあれ、この段階で、すべての要素が意識のテーブルに配置されることになります。

そして、ドルネウスによれば、この段階で「賢者の石」が製造されたことになります。実際のところ、自分自身とそれぞれの心理的機能、および心理的態度は結合されており、それぞれの要素が機能できる状態になっていますので、この段階を探求する中で個性化が終了していくようにも見えます。ただし、表3の中に示されているように、四つの機能を統合しながら、そこに相変わらず対立した機能が存在するというジレンマが存在するのです。ユングはそれを「パラドキシカルな全体像」という言葉で表現して、それらの要素の現実的活用についいて、次のように言及しています。「第二段階の大きな困難は、人間のパラドキシカルな全体像をどうやれば現実化できるのかを誰も知らないということである」[16]と。

そして、もう一つ、最終段階である**第三段階**が用意されています。第三段階は「結合の神秘」の実現です。これは、個性化の完成の段階を示しています。この段階では、すべての心理的機能の合一を実現した人が、さらに、何らかの触媒的力によって、宇宙との合一が図られた状態と思われます。イメージがしにくいですが、対立要素を含めたすべての心理的機能と態度が合一し、さらに宇宙と溶け合い、合一を実現している状態と言えます。宇宙との合一と言うことから、心理的機能は高度に分化・純化され、質の高い合一が実現していることが想像されます。もはや個人的レベルを超えた、宇宙の使命に関わる世界観です。聖書によれば、人は神に似せて作られました。従って、人間には神のような要素が備わっており、それを実現するステージがこのステージというように理解できます。ドルネウスはそれを「天上的実体」の創造として捉えていました。[17]心理学的には、意識と無意識の統合と「自己」（セルフ）の具現化としてユングは捉えています。この「自己」という言葉は、ユングが独自の意味付けをしている言葉で、意識と無意識を含む心の全体の中心と解釈されています。しかし、『結合の神秘』の中で使われている「自己」という言葉のほとんどは、明らかに統合された意識と無意識の中心の意味で使われていることが判ります。ちなみに意識の中心は一般に「自我」（エゴ）と呼ばれているのはご存知かと思います。

このようなプロセスを通じた自己の具現化ですが、これらは決して与えられるものではなく、一人ひとりの努力を通じて獲得されるものです。ユングは次のように指摘しています。「自己は、人間の努力によって生み出されうる[18]」と。これから、もう少しこの個性化の段階を探求してみましょう。

個性化の三段階の探求

この個性化の三段階は複雑な要素が包含されていますので、もう一度簡単に振り返ってみましょう。**第一段階**は、自分が強い関係を持っていた心理的機能や態度を一度自分から切り離し、それ以外の心理的機能や態度の理解を押し進め、等しく対峙していくことを意味しています。これについては実行するのは簡単ではありませんが、比較的イメージがしやすいものです。ともあれ、誠実な精神を持って、すべての機能に対峙することがポイントとなります。

第二段階は、ユングの言う「四機能それぞれの肉体との結合」がテーマになります。これは、私たちが無意識の世界に置き去りにしていた機能を含むすべての心理的機能との新しい関係をその個人が作り上げ、活用できる状態にするという意味でとらえることで、合理的に理解することができます。ユングは、この第二段階について、「一なる宇宙との結合を達成する道が開かれる[19]」段階という説明をしています。第二段階が完成した段階で「賢者の石」

が出来上がっていることから、私の個人的判断ではこの第二段階で個性化の過程はかなり進んだ状態に入っていると判断しています。ただし、その個性化は発展させる余地を残しているわけです。ともあれ、この第二段階では、対立したすべての機能を十分に理解し、実際に活用できる状態まで自分を高めた段階として解釈できます。第一段階で獲得した理解と謙虚な態度を基に、センセーションもインチュイッションもフィーリングもシンキングも使おうと思えば使えるレベルまで自分を高めている段階と言えましょう。ただし、そこには、相変わらず対立した機能が存在するため、工夫やある程度の精神的な成熟がなければ効果的な全体性を確立することができない状態と言えます。

第三段階の「結合の神秘」については、合理的思考だけでは到底ついていけない内容になっています。「一なる宇宙との合一」とか「意識と無意識の統一」などが期待されているからです。ここでは、合理的には理解不能な要素を第三段階に入れ込む形にして、この分類を前提に皆様と個性化の過程をさらに探っていきましょう。

ともあれ、第二段階で、すべての心理的機能と態度を活用できる段階に入っていると言えます。そして、第二段階でも、各心理的機能を組み合わせ、機能を協働させることは不可能ではありません。しかし、この段階では、各機能の真の「合一」を実現できるレベルには至っていないと判断されます。これは、第三段階で果たされることになります。この第二段階における「機能の協働」の可能性と第三段階における「機能の合一」の可能性について、もう少し探求してみましょう。

機能の協働と機能の合一

ところで、対立したものの合一というと、ヘーゲルの弁証法をすぐに思い浮かべる人が多いかと思います。ヘーゲルの弁証法におけるテーゼ（命題）とアンチテーゼ（反対命題）、そしてアウフヘーベン（止揚）によって生み出される一段高いレベルにあるジンテーゼ（合）の創造の力学は、私たちが社内の議論や交渉の過程を通じてしばしば体験できるものです。対立する意見を統合し、一段高い見解に収束させる経験は、決して珍しいものではありません。有能な交渉者は対立見解あるいは対立した判断の統合が現実的なものであることを理解しています。有能な交渉者が交渉場面に於いて堂々とした態度がとれるのは、交渉におけるアウフヘーベンの可能性を知っているからとも言えます。しかし、このような心理的機能の対立物の「合一」はそう簡単にはいきそうにありません。第一に、私たちの通常の感覚では、「機能の合一」という概念が理解できません。しかし、この対立機能の合一という課題こそが、個性化を究極まで高める際の最も重要なカギであり、同時に大きな障害物となっていると言えます。機能を結合させ、意識の世界で活用していく過程をもう少し考えてみましょう。

対立要素になっている機能については論理的に考える限り、その両方を同時に活用することは難しいと言えます。現実的思考と直感思考は両立できませんし、論理的・合理的思考と感情ベースの判断は両立てきません。明確な二律背反の関係にある要素ですので、一方を探求する限り、もう一方の機能は追いやられてしまいます。この問題を氷解させる可能性があるのでしょうか。これを探ってみましょう。

ここではまず、日常的な活動の中における、このような対立した心理的機能の協働の可能性を探っていきたいと思います。第二段階にいながら実現できる活動です。ユングは彼の内的なイメージ探求の記録である『赤の書』の中で、興味深い発想を記しています。この文章には、エリアとサロメ、そして蛇が登場します。蛇には創世記でエバをそそのかした悪のイメージがありますが、賢さを象徴するイメージも持っています。弟子たちに布教活動を命じた場面でのイエス・キリストの有名なアドバイス、「蛇のように賢く、鳩のように素直になりなさい[20]」にもそれが現れています。抽象性が高い文章ですが、そのまま引用してみましょう。ここに出てくる登場者のエリアはシンキング機能の、サロメはフィーリング機能の、そして蛇は知恵の象徴として読んでみてください。

　エリアとサロメの他に、私は第三の原理として蛇を見出す。蛇は二人と結びついているものの、二つの原理の間にある未知のものである。蛇は私における両方の原理の絶対の本質上の差異を教えてくれる。……人間を、時には一方の原理に、時には他方の原理に、誤りであるほど夢中にさせるのは、決まって蛇である。人は先に考えるだけでも、快楽だけでも生きていけない。あなたは両方を必要としている。けれどもあなたは、先に考えることと快楽を同時にはできない。そうではなくて、あなたは交互に、先に考えることや快楽に身を置かねばならず、そのつどの法則に従って、いわば他方に背かねばならないのである。しかしながら、人間はどちらか一方を優先させる。……人生という道は、蛇のように右から左へ、左から右へと、思考から快楽へ、快楽から思考へと曲がりくねって進んでいく。蛇は確かに敵であるし、敵対関係の象徴ではあるけれども、賢明なる橋でもあって、われわれの人生にとって必要であるように、右と左とを憧憬を通して結び付ける。【21】

ここには、二つの対立した機能を登場させていますが、その二つの機能を結び付ける蛇としての知恵が存在していることを示しています。蛇は右から左へ、左から右へと曲がりくねりながら、その二つの要素を結び付けていたわけです。対立する機能を相互に動かしながら、その機能が生み出す成果物をバランスさせていくような動きと言えます。これは機能を「合一」させるというような難しい課題を達成しているわけではありませんが、二つの対立する機能の協働を実現しています。対立している機能を追いやらず、協働して動いていることが分かります。これは、完全な解消とは言えないまでも、私たちの持つジレンマをある程度解消していることになると言えます。この右から左へ、左から右へとなびくことなら、私たちにもできそうな気がしませんでしょうか？　いかがでしょう？

ビジネスにおける通常の意思決定の流れは、現実を睨んだロジックを中心に動いていきます。センセーションやシンキングが重要な役割を演じます。しかし、あらゆる意思決定がセンセーションやシンキングだけでできるわけではないのです。質の高い意思決定は、フィーリングの支援を受けなければ決して生まれません。相手や他社、部下や同僚、消費者や大衆の挙動や見解の背景には感情も含まれるからです。ですから、真にクリティカルな思考を展開するときは合理性だけでは不十分なのです。また、革新的アイデアや本質を探る力はインチュイッションの助けを受けなければ生まれません。

ここで、ビジネスの重要な活動である予測活動を見てみましょう。言うまでもなく、予測は戦略構築の基盤となる活動です。例えば「現在の状況は半年後、一年後にどうなっているか？」、「特定のアクションを取った後に、どのような効果が期待できるか？」という予測は管理職なら必ず必要になる思考活動です。この予測活動には、傾向だけを根拠にした予測法を利用するだけでは十分ではありません。その予測の前提、経営環境の洞察、予測の根拠、予測に利用する要素の選択、仮説作り等にインチュイッションやフィーリングの助けを借りなければうまくいかない場合があるからです。フィーリング機能は、相手や顧客、消費者、市民といった対象の心情を理解したり、反応を予測したりするために利用されます。さらに管理職やリーダーは、出てきた予測にどのように変化を与えるのかを常に思考する必要があります。ちなみに、この予測に対して変化を与える部分が戦略構築の目玉となる部分です。このあたりはインチュイッションの支援を受ける必要があります。延長線上にないユニークなアイデアや選択肢はインチュイッションから出てくるからです。

また、あなたの部下が現実性や論理だけで動くと思ったら大間違いになります。これはシンキングとセンセーションに偏った管理者がしばしば犯す大きな間違いです。私は今まで、動機付けをボーナス金額と昇進だけで考えている組織を幾つか見てきましたが、マネジメント・コンサルタントとして、このような組織は部下の真の力を引き出すことはできないし、結局長期にわたる成功を積み上げることはできないと断言しておきます。もちろん、現金を稼ぐことだけを目的にした投資的なビジネスでは、ボーナスだけを考えたマネジメント活動が機能する可能性がありますが、通常のビジネスでは、一人ひとりの前向きな態度や創造力、地道な活動を生むコミットメントなどが企業の命運を握っていることを忘れてはなりません。部下の内面にある秘めたる力は、合理的で現実的なアプローチだけで開放されることはないのです。魅力的なビジョンを誠実な心を持って熱く語りかけるようなアプローチ、目標を部下と共に作るアプローチ、一人ひとりに責任を持たせる器量、支援したり育成したりするマインドが必要になってきます。また、あなたが部下を大切に思っている気持ちが伝わる必要もあります。あなたが誠実性を維持することも大切です。部下のユニークな考えを真剣に検討したり、部下の価値や成果を正しく評価したりする心や、あなたが最終的な責任をとるマインドも必要です。これらのほとんどは、フィーリングの要素が関係した言動です。組織で中心的に活用するセンセーションやシンキングだけでなく、すべての心理的機能と協働させることができなければ、強いリーダーシップを行使することはできません。

ところで、ビジネスの世界で、この右から左へ、左から右へと曲がりくねりながら動いていく蛇と似た試みが行われていることがあります。センセーションやシンキングに偏りがちな一般ビジネスの状況で、意思決定に四つの機能をバランス良く使うことを支援する仕組みと言えます。それを幾つかご紹介しましょう。

（1）すべての意思決定に、お客様や関係者への影響を考えるフィーラー的要素やインチュイター的要素を組み入れる工夫をすることができます。議事録書式の中に、関係者やお客様への波及効果や彼らの気持ちを書き込む欄を用意するなどの工夫をしている会社があります。シンキングやセンセーションの活用に偏りがちになる会議に、フィーリングやインチュイッションに関わる検討を会議の中で入れ込まざるを得ないシステムを作っているわけです。このような仕組みを使うと、意思決定の内容が大きく変わることがあります。例えば、大幅な組織変更の課題が持ち上がったとします。その際、新しい仕組みの発表を機械的に進めてしまうのがよくあるアプローチです。しかし、このような仕組みを使うと、十分に従業員の気持ちに配慮して、そのタイミングや内容を準備した上で発表を行うアイデアが出てくる可能性があります。従業員に安心感を持ってもらうにはどのようなアプローチをしたら良いかということについて、真剣な考察が行われる可能性があるわけです。同様に、このようなシステムを使うと、自分たちの提案に交渉相手が持つ可能性のある気持ちを予想し、それに対する対応計画を事前に策定することができます。つまり戦略的な交渉のツールとしても使えます。また、会社がとるアクションに対する顧客の反応を考える機会を持てる可能性があります。

(2) 管理職がセンセーションやシンキングに偏りすぎた言動を持たずに、フィーリングやインチュイッションの働きから来る見解の活用を推進できるファシリテーターとして、会議に臨むように訓練している会社もあります。通常の現実思考のディスカッションのほかに、創造的に考えるセッション、フィーリングを用いて関係者への諸影響を考えるセッションなどを議長が意図的に組み入れたり、それらを事前に考えさせたりすることも、意思決定の質の向上に大きく貢献する可能性があります。

(3) 重要な判断やプランニングをする際、個人レベルで、「認知」、「創造」、「合理」、「感性」の四要素に必ず目配りをする習慣を持つことができます。「見忘れている要素はないか?」、「もっと革新的な発想はないか?」、「理にかなったことか?」、「相手の気持ちや同僚の気持ちはどうか?」などを短い時間で自問自答し振り返るのです。もし、不安があれば、その分野に強い人に相談を求めることができます。意思決定をしたり、レポートを書いたりする際、必ず「認知」、「創造」、「合理」、「感性」の各心理的機能を十分活用しているかを確認するわけです。

（4）すでに何回か言及させていただいているように、違った心理的機能を主要機能としている人と、パートナーを組んだり、彼らの意見を真剣に検討したりすることも重要な手段となります。異論を真剣に検討する態度も生まれ、あなたを成熟に導きます。

（5）始業前の十五分を自分が不得意なことのために、集中させることを習慣にして成果を出している人もいます。インチュイター傾向が強い人の中にはその日の活動計画を作るためにその時間を当てている人がいます。インチュイターが苦手な現状把握と計画策定を朝一番に集中的に進めて効果を上げているのです。シンカー傾向が強い人の中には、その日の会議で部下を動機づけ、活性化させる方法や、他者に対する影響について考えるためにその時間を使っている人がいます。これは、特定の心理的機能を活性化するための時間を作り出すアプローチです。

（6）ブレーンストーミングを活性化して活用することもできます。これは、社員全員に、ブレーンストーミングについて、再度認識を与えることを意味します。ブレーンストーミングには、（1）批判厳禁：他のメンバーが出したアイデアを批判しない、（2）自由奔放：自由奔放な発言を歓迎する、（3）アイデアの量を重視：アイデアは多ければ多いほどよい、（4）結合改善：他者のアイデアに便乗したり、改善したりするというルールがあります。この「批判厳禁」と「結合改善」は、各心理的機能の協働につながっていく素晴らしいアイデアです。チーム内で、人間の心理的機能についての振り返りをした後、ブレーンストーミングにおける、この二つのルールの持つ意味をもう一度深く理解させるわけです。ともあれ、参加者全員が異なった視点からの意見を歓迎し、真剣に協働することを考える謙虚で大局観のある態度を持てるようになると、ミーティングにさらなる革命が起こるわけです。

機能的統一の問題について、個人レベルで起こせる可能性のあるものとグループで実現していけるアプローチを見てきました。特にグループで進めるやり方については、各組織で何らかの簡単なルールを作ることで現実のものにしていける可能性が高いのです。コンサルタントを雇う必要もないと思います。このような蛇の動きのアプローチは、私たちのちょっとした心がけで四つの機能を活用できる良い方法と言えましょう。私は、蛇の知恵を獲得するだけでも個性化を大きく前進させることができると信じています。しかし、ユングの示している「合一」の世界は、この蛇の動きでは説明しきれない、一段高い概念を含んでいるのです。

意識と無意識の統合

ユングが第三段階として示した「意識と無意識の統合」、「全体性をそなえた人間と一なる宇宙との結合」は、通常の理性では理解が追い付かない段階に入っています。宇宙には、神の存在ともつながる大きなパワーを持ったイメージがあります。ユングの言葉は意識と無意識の合一によって生まれるセルフ（自己）の実現によって、そのような宇宙との関係作りができると解釈できるかもしれません。筆者はこのあたりを解きほぐすにはあまりに未熟と言えます。従って、この部分の私の記述も分かりにくいものになってしまうことをお許しください。この第三段階は、錬金術的な表現をすれば、メルクリウスの力による統合とでも呼ぶことができます。メルクリウスとはもともとギリシャ神話の一柱で、「水銀（マーキュリー）」と関係する「水星」から来た名前です。ですから、水銀と水星の両方の意味が内包されている存在です。水銀を錬金術的に紹介すれば、熱い太陽を象徴する父性的な存在としての「硫黄」と対をなす、クールで柔軟性のある母性的な存在として見なされた要素です。また、霊を有するものとして、特別な価値を付与されています。太陽に最も近い惑星である水星は太陽の子供として、黄金さえ溶かす大きなエネルギーを持つものとしても認識されています。また、水銀はまったく異なった要素である金属と液体を統合した、「合一」の象徴的存在と言えます。そして、水銀は「霊」と「物質」の「合一」の象徴でもあるのです。また、錬金術師はメリクリウスを「宇宙の魂」であるとも解釈していました。ユングは『結合の神秘』の中でメルクリウスを「精神（霊）であり物質でもある二重存在」として、錬金術の中での役割を説明しています。そして、彼はメルクリウスの「結合」や「合一」に果たす役割を評価しているわけです。『転移の心理学』の中でユングは、メリクリウスの人間に対する働きかけについて、次のように記しています。

それはじつは自分を人間の全体性の中に統合せよと迫る自然物なのである。……メルクリウスはまさしく無意識が人格化されたものであり、それゆえ本質的に《二つの顔》、背理的な二つの本姓を持っている。すなわち悪魔・怪物・獣であると同時に、治療薬・「哲学の息子」、《神の知恵》、《精霊の賜物》でもある。[22]

メルクリウスは錬金術師の間で重きを置かれる存在でしたが、ユングは特にその重要性を強調しているように見えます。無意識の中に意識との統合を促すように働きかけるメルクリウスが存在すること、メルクリウスが統合や合一の中で何らかの積極的な役割を果たしていることを暗示しています。補償作用のところで説明した生き物の挙動、特に意識の世界に活動の場所を求める挙動はこのメルクリウスの働きと重なるところがあります。メルクリウスの働きかけを通じて意識内の要素と無意識内の要素の質の高い「合一」を獲得することができる可能性があるわけです。ただし、このあたりのことは合理的精神では理解しがたい世界になっています。

ユングは、意識と無意識の統合は、タオ（道、道教の中心概念）、サマーディ（瞑想で精神集中が深まり切った状態）の境地、あるいは禅の悟りと似たような世界であると述べています。(23)ユングは『心理学的類型（タイプ論）』を書いた段階で、すでに、タオやサマーディなどの洞察を繰り広げていますので、彼にとって、早い段階からこれらの合理的理解を超える力に注目していたことがわかります。ユングは宗教とは切り離して、心理的機能の統合や成熟のための手段としてこれらを見つめていたと考えられます。深く精神を集中することや落ち着きを獲得することで、心理的機能の合一という果実を得ることができる可能性を暗示しているとも言えます。

よく知られているように、多くの偉大な先人たちは、瞑想の習慣を持ち、仕事の中でも瞑想の力を活かしています。ビジネスの世界でも、スティーブ・ジョブスや松下幸之助をはじめ、多くの経営者が瞑想の習慣を持っていたことが知られています。私は数人の非常に優秀な方と知り合える機会がありましたが、彼らの多くが、私のような凡人では持ちえない不思議な落ち着きを持っていました。普通の状態の中でサマーディを感じさせるわけです。中には、その落ち着きが不気味なレベルに達している友人もいます。彼らは、生まれつき、精神を安定させ、統合的なエネルギーを使える素地ができているのかもしれません。いずれにせよ、私たちが各心理的機能を統合させるためには、それを実現させる土壌が必要であるように思われます。ビジネスの中で忙しく活動している私たちも、何らかの形でそのような土壌づくりをすることを考える必要があるのかもしれません。

ところで、私たちは、知らず知らずのうちに、それに似たような経験をしていることがあります。例えば、難しい書物に取り組んでいる時、あるいは、簡潔な言葉で書かれた深い意味を持つ詩文を鑑賞する時の私たちです。そのような活動下では内容把握のためにセンセーション機能をフル活用しています。しかし、それと同時に、「一体この著者／作者は何を言いたいのか？」「重要なメッセージは何なのか？」と同時進行で問い続けています。この問いかけの部分はインチュイッション的な心理機能です。このような内容把握と本質を探る思考の両立が、比較的難しい読書をしている時や、深く洞察しなければ作者の真の意図をつかめない詩文の鑑賞で起こっている可能性があります。また、難しい数理分野や科学的な課題に立ち向かっている時も、シンキングとセンセーションだけを使っているわけではありません。同時に、インチュイッションが動き出しているのは間違いありません。このように、私たちは、読書や教育、個人的趣味や日常生活の中でもこの対立機能の統合の経験を積んでいる可能性があります。ともあれ、私たちは、対立した心理的機能を統合して活用できるレベルまで自己を高められる可能性があるのです。メルクリウスの力を意識しながら、私たちの能力の地平を広げていける可能性があります。これは、左右になびく方法論とは違った奥深い世界ですが、探求するだけの価値を持ったものとして、光を放っています。

ところで、ユングはこのメルクリウスの力を効果的に使うために、瞑想などの方法に頼ったのでしょうか？　また、瞑想を確立した方法論として示しているのでしょうか？　実は、ユングは『結合の神秘』の中でも瞑想についていろいろと触れています。その理由は、彼が合一の思想を、瞑想を重視した錬金術師ドルネウスの考え方を基礎に置きながら探求しているためなのです。しかし、彼自身の第三段階における瞑想の実践的活用のアイデアは、『結合の神秘』を読んでもはっきりと示されていません。『結合の神秘』では、最後の合一を実現する方法論に関しては、途中で意図的に筆を止めているような印象を持つのです。一方では、ユングは、瞑想にかかわる数多くの執筆を行っています。これらを考えれば、ユングは瞑想を「合一」を実現する一つの有効な手段として考えていたことが推察されます。ただ、彼は東洋と西洋の違い、西洋人と東洋人の違いを深く理解しており、東洋的な方法論をそのまま西洋に適用することは適切ではないし、危険でもあるとみなしていたのです。彼は次のように言及しています。

中国的瞑想を直接に試みさせることは大変な違ちであろう。そのようなことをすれば、西洋人の意志と意識が問題につき当たるのであるから、意識は無意識に対して一層強められるだけになり、避けなくてはならない作用を逆に引き起こしてしまうからである。(23)

また、彼の書いたヨーガと西洋についての論文の中では次のように論じています。

豊富な象徴表現を持ったこれらさまざまのヨーガ形態は、集合的無意識を解明する上での貴重な比較材料を与えてくれる。それでも私はヨーガの方法は原則として応用しない。西洋ではこのうえ無意識に何かを押し付けたりしてはいけないからである。多くの場合意識は、痙攣に近い緊張と狭隘化に見舞われている。だから、それを強めるようなことをしてはならない。……西洋は西洋で、何百年かを経るうちに独自のヨーガを生み出すだろう。そしてしかもそれは、キリスト教によって築かれた地盤に根ざすものであるに違いない。[24]

ユングのこれらの言葉から、彼が『結合の神秘』の中で、合一の実現についての方法論、あるいは瞑想や禅について、なぜ深く言及しなかったかが読み取れるわけです。ユングは、読者を危険にさらすようなことをするより、方法論については何も言及しないことを選んだのです。私はカウンセラーではないので経験が限られていますが、私が知っているいくつかの例でも、瞑想によって創造性を高めたセンサー、現実の事物に対する集中力を高めたインチュイター、情動の暴走を抑えることができるようになった人、内向的要素を高めた外向性の人がいます。瞑想には不思議な力がある可能性があります。しかし、これらについてこれ以上論じることはここでは避けておきたいと思います。この瞑想による第三段階の探求については、個々の読者の皆様にゆだねたいと思っています。その代わり、第三段階の実現に役立つ可能性のある二つの別のアプローチを紹介しましょう。

元型への働きかけを通じた合一形成

第三段階の実現のためには、無意識の世界と意識の世界の統合が必要となります。そのためには、無意識の世界について、改めて目を向ける必要があります。個人的無意識と意識の関係については、内向性と外向性の関係、あるいは発達した心理的機能と遅れた心理的機能の関係、あるいは補償作用が生じるメカニズムを通じて、ある程度の認識を持つことができていると言えます。その一方、集合的無意識と意識の関係については、漠然としています。しかし、無意識の世界と意識の世界の統合という課題を達成するためには、私たちは集合的無意識にも目を向けて、集合的無意識の要素を私たちの意識と何らかの形で結び付ける必要があります。私たちはもう一度、集合的無意識を棲家とする元型に立ち返って、元型の持つエネルギーの意味と私たちの意識への影響を考えてみる必要があります。

集合的無意識に棲む元型はただ存在するものではなく、魂を持った自律的な動きをする動的存在です。従って、擬人化するのにふさわしい存在と言えます。元型については、ユングによってイメージ化しやすい名称がつけられていますが、それでもなかなか身近には感じ取れません。元型の働きについては、神話に対する影響力が様々なところで語られています。もちろん、神話のモチーフそのものが元型から来たのではなく、そのモチーフを作り上げるエネルギーが元型からきているという意味に捉えなければなりません。しかし、元型が、神話を通じて、私たちの現実の意識にどのような具体的な影響力をもたらしているのかについて、はっきりとした記述をユングの書籍の中に見出すことができないのです。ユングは次のように説明しています。

集合的無意識は人類発展の強力な精神的遺産であり、各個人の脳構造の中に再生する。意識はこれに反して、一切の瞬間的適応や定位をなすところの一過性の現象である。……無意識は心の動力の源泉を内包し、その源泉はまた、この規制的形式ないしは範疇、つまり神話類型を内包する。人類のもつ観念や表象のうち、もっとも強力なものは、すべて神話類型にさかのぼる。[25]

ユングは、ここで、集合的無意識は「心の動力の源泉を内包する」とまで言い切っています。つまり、元型の持つ力は非常にパワフルなものなのです。しかし、現代人にとって、ここで語られている神話は馴染みが薄く、神話から私たちへの影響を理解することは簡単ではありません。

その一方で、同じ引用の中で、彼は、集合的無意識が「各個人の脳構造の中に再生する」と記しています。彼のこの説明を根拠に、集合的無意識を私たちの心理的機能に焦点をあてて探求していくと、ユングが発見したいくつかの元型が私たちの心理的機能に強い影響力を持っていることが浮かび上がってきます。私たちは彼らを見つめ、私たちの言動や態度にどのような影響をもたらしているかを理解することを通じ、無意識の世界と意識の世界の境界を消し去ることができる可能性があります。つまり、元型と私たちの意識の関係をより明確にすることによって、私たちの個性化を前進させることができるのです。

ここではユングが発見した様々な元型の中から、三つの主要な元型に焦点を絞って、意識および個人的無意識との関係を探ってみたいと思います。その三つの元型とは、**太母元型**、**老賢者元型**、そして**トリックスター元型**です。私はこの三つの元型が私たちの心理的機能にとりわけ大きな影響を与えていると考えています。すでに最初の二つは本書の第一章「無意識の世界」の中の元型の解説で触れさせていただきました。太母元型は包容力、支援性、育成などの方向性を有するエネルギーを持つもので、老賢者元型は知恵の発揮、理性的な動き、権威性の発揮等の方向性を有する動的エネルギーを持つ元型でした。ここで、もう一つのトリックスター元型について簡単に紹介したいと思います。トリックスター元型は不思議な知力を持つ元型です。秩序の中に生きることを嫌う悪戯好きの元型で、相手を罠にはめたりしながら、結局目的を達成してしまうような存在です。各種神話にしばしば登場してきますが、愚かしい面も持ちながら、意外性のある発想で相手を打ち負かすような創造性や発想力を持ち、それらの力で人々に貢献するような面も持っています。

人を包み込む太母元型、そして知恵と権威の象徴である老賢者元型、そして突飛な発想や洞察力を持つトリックスター元型の三つと私たちが有する四つの心理的機能との関係は比較的簡単に見出すことができます。太母元型は包み込むような優しさがあり、育成の精神にあふれた元型で、成熟したフィーリングのイメージをそのまま備えています。別の言い方をすれば、フィーリング機能は太母元型からエネルギーを受け取って機能化している可能性があります。同様に、トリックスター元型はインチュイターの特性をそのまま持っています。彼らが有する遊び心と突飛な動きはインチュイターの精神構造と共通の特性と言えます。従って、インチュイッション機能はトリックスター元型からエネルギー供給を受けている可能性が高いと言えます。センセーションとシンキングに関しては、老賢者のイメージを持っています。老賢者は知恵深さの側面と権威者としての側面の二つの顔を持っています。知恵深さの側面はシンキング機能をそのまま表しており、シンキングにエネルギーを供給しているように見えます。権威者としての側面はセンセーション機能が持ちがちな支配的な性向をそのまま示しており、センセーションにエネルギーを供給しているように見えます。別の言い方をすると、このような権威者としての老賢者の影響を受けながら、比較的多くのセンサーは権威主義的性向を見せてしまう傾向があると推察できます。

私たちの奥深い無意識の世界に存在する太母元型や老賢者元型、トリックスター元型は息づき、活動しています。そして、私たちが持つ神話や社会的な仕組みに影響を与えると同時に、これが私たちの心理的機能に影響を与えている可能性があります。彼らは無意識の奥深くから、日常的に私たちの意識に向かって強いメッセージを発信しているわけです。彼らが発信している可能性のあるメッセージを幾つか並べてみましょう。

太母元型のメッセージ
人を大切にし、育成しなさい
周りの人の意見を尊重しなさい
現在使っているモノを大切にしなさい
責任を引き受けなさい

老賢者元型（権威者）のメッセージ
あなたが捉えたことが正しい
意のままに動きなさい
自信を持って決断しなさい
あなたが捉えたことを皆に気づかせなさい

老賢者元型（知恵者）のメッセージ
思考を大切にしなさい。

表4. 可能性のある元型と心理的機能の結びつき

太母元型　………	フィーリング
トリックスター元型　…	インチュイッション
老賢者元型（権威者）…	センセーション
老賢者元型（知恵者）….	シンキング

計画を立て、慎重に行動しなさい
規律や一貫性を大切にしなさい
確実な状態にしてから、正確に行動しなさい

トリックスター元型のメッセージ

本質や隠れているものを見抜きなさい
自由な発想、柔軟性を発揮しなさい
ユニークさや新奇性を生み出しなさい
変化・革新を追及しなさい

各元型はバランス感覚を持っていることはありえないので、遠慮なく一方的に私たちの意識に働きかけている可能性があります。これらの元型が四つの心理的機能にエネルギーを供給していると考えられるわけです。別の表現をすれば、私たちは集合的無意識の内部から突き上げられるようにメッセージを受け続け、心理的機能を働かせている可能性があるのです。そして、その元型の力の強弱に影響を受け、結果的に一部の元型のメッセージが私たちに強い影響力を与えている構図が見えてきます。また、個人的無意識の要素が何らかの形で元型の働きに影響を与えている可能性もあります。この仮説が正しいとすれば、私たちはどのよ

うな対応をしたらいいのでしょうか。言うまでもなく、元型の働きを管理することが重要になってきます。低いエネルギーしか伝わってこない元型については、「遠慮しないで、もっと力を発揮してください」と無意識の中の要素に声をかけることができます。その元型の存在を認め、そのイメージを意識に侵入させることを支援することが必要になります。そして、私たちは、一部の元型に、あまり強く出すぎないように、ほかの元型にもスペースを空けるため、もう少しバランス感覚を持てるようにして欲しいと無意識世界に語り掛け、暴走気味の元型に対するマネジメントを進めることが必要になってきます。例を示してみましょう。

「知恵深い老賢者元型さん。いつもエネルギーをありがとう。あなたはいつも正確性を求めるけど、あまりこだわりすぎると仕事が進まないことがあるんだ。状況を見ながら判断し、場合によっては危険を冒して意思決定をする必要性があることも理解して欲しいんだ。」

「包容力のある太母元型さん。いつもエネルギーをありがとう。あなたは私にも包容力を求め、いつも他の人を受け入れることを求めるけど、時には他者の意見に反対しなくてはならない時があるんだ。反対はその人に向けられるものではないし、それによって、協働して良いアイデアを生み出せるケースがあることを理解してほしい。」

「権威のある老賢者元型さん。いつもエネルギーをありがとう。あなたはいつでも権威を持った行動を促すけど、それだけで動かない部下もいるんだ。部下を受け入れたり、理解したり、彼らを信頼することも影響力を与える方法になるんだ。あまり威張っていると部下も緊張するし、私を信頼できなくなる可能性もあることを理解して欲しい。」

「トリックスター元型さん。いつもエネルギーをありがとう。あなたはいつでも自由に動くことや新しいことを推進することを勧めるけど、この社会では規律を守ることも大切なことなんだ。組織では常に規律が求められるので、その中で創造性を発揮することも重要だということを理解して欲しい。」

私たちの内面からあふれ出るエネルギーを調整することはやさしいことではありません。そのエネルギーが私たちの意識や個人的無意識の中に、堅い岩のような信念を作り上げている可能性があります。それだからこそ、何らかの形で、自分の内面にあるものと話し合い、バランスを整え、偏った信念を調整していく必要があります。先ほどの元型の持つ意思のリストについて、あなたが特定の元型に話し掛けたいことを、書き出してみてください。彼らの意図に合意を表明することもできるでしょうし、例に示したように、彼らの意図を少し調節して欲しいと話しかけることもできるのです。この何気ない試みによって、不適切な信念に調整を与え、その信念が生み出す言動に影響を与えることになります。あなたの内面にある元型に直接話しかけるのです。この語り掛けを経験している人は、無意識の世界の要素は決して頑固な存在ではないことをコメントしています。このように、私たちは集合的無意識の要素に近づき、私たちの信念の形成や言動に影響を与える元型と語り合うことを通じて、合一を促進できる可能性があります。

実際のところ、信念を変えていこうとするアプローチは、アルバート・エリス（Albert Ellis）の論理療法等によって、既に活用されていますので、ここで示したアプローチは特に新しいものではありません。ここでは信念を生み出している元型に語り掛ける違いがあるだけです。ともあれ、私たちの意識は集合的無意識とも深いつながりがあり、極めて強い影響を受けていることを理解する必要があります。特に一つの心理的機能に強い偏りを持った方は、ぜひこの元型との対話を持つようにしてみてください。

メタ化の推進による合一形成

第三段階の実現のために、もう一つの可能性のある働きかけがあります。それは心理的機能のメタ化の推進です。これもある程度、合一の実現に寄与する可能性があります。私たちが各心理的機能の開発を押し進め、より高い視点を持てた時、対立要素の統合が部分的に起こる可能性があるからです。つまり、それぞれの心理的機能が成熟を果たす形で、対立した要素との融合が自然に起こる可能性があるのです。各心理的機能が成熟を果たすということはどのようなことが考えられるかを探ってみたいと思います。

現実の人間の能力について、ユングのモデルを通じて考えていこうとすると、各心理的機能については、一人ひとりが有するその機能の分化レベルや各人が有する能力のパイの大きさが異なっていることが分かります。ユングも各心理的機能の発達のレベルを意識していた可能性があります。それは、彼の「この類型は低い段階では……」とか、「類型としての度合いが強まるとともに……」というような記述からも見て取れます。しかし、このことについては、ユングによって、積極的に追及はされませんでした。私はビジネスの現場で、同じ心理的タイプでありながら、成熟度やイメージがだいぶ違った方々を数多く見出してきました。インチュイターを例に挙げれば、その洞察力を組織のためにうまく生かしている人もいれば、新奇性や突飛性だけが目立つ人もいます。フィーラーの例では、自分の価値観や心情にこだわっている人もいれば、他者の価値観や心情に敏感に反応して対応策を考える人もいます。センサーと言っても、現実性だけが目立つセンサーもいれば、将来の可能性にも目を配ることのできるセンサーもいます。シンカーも、小さく思考が固まっている人もいれば、全体効率を合理的に考えながら多様性を受け入れる姿勢を持つシンカーもいます。そのため、心理的機能の発展段階が何らかの形で示されるべきだという考えを持つに至りました。心理的機能の発展段階を考えるもう一つの理由は、ドラッカーが強調する「人は強みで仕事をする」という考え方から、強みを向上させる指針になり得るものを提示することが、マネジメント・コンサルタントに求められるからです。

心理的機能の成熟

しかし、何を基準にその発展段階を作ったらいいのかという問題が出てきます。これは、内向性と外向性の軸ではありえません。何らかの質的な発展の段階が示されるべきであると考えられます。私の到達した結論はメタ化のレベルが使えるのではないかということです。メタという言葉には、「高次な」という意味が含まれています。この言葉は視点の高さと言い換えても良いかと思います。私たちが人間の成長を考える際、一つの重要な目安になるのは「自我性の克服」です。人は、低い視点を持って、自己中心的な考えや自己肯定感に縛られる状態から、より高い視点を持つ存在に移行することができるのです。

管理職やリーダーの成長を考えた時、視点の高さは重要な成長の基準の一つとして扱うことができます。自己中心性を克服し、より高い視点を持つことは管理職やリーダーがリーダーシップを発揮するための必須要件だからです。このような視点の高さや客観性の高度化を一言で、「メタ化」という言葉で表現したわけです。ちなみに、このような高次化を果たした人は、自我性を克服していることがあり、道徳的にもレベルが高まっている状態と言えましょう。

表5をご覧ください。これは、私がメタ・スケール・チャートと呼んでいる表です。

この表では、(Ⅱ)の部分にそれぞれの機能を活性化させている人の平均的特性が示されています。(Ⅲ)は、平均的特性をさらに進歩させた場合の在り方です。(Ⅰ)は、ほとんど活性化が進んでいない状態です。左から右へ行くほど、より高次な機能の発揮の仕方へと移っていく姿を示しています。例えば、フィーリングの(Ⅲ)には「責任感」の要素が入っていますが、部下の仕事を包み込む姿が示されています。

この(Ⅲ)の部分を吟味していただくと、そこに対立要素が部分的に入り込んでいることも判るかと思います。例えば、センセーションの(Ⅲ)にある通時的・巨視的視点は、もともとインチュイターの視点です。時間軸に沿って変化のあり方をつかむ習慣や鳥瞰的な認知力を持つこ

表5. メタ・スケール・チャート(2)

メタ化が進んでいる

(Ⅱ)	(Ⅲ)	
現実(事物・他者)を見つめて効果的に対応する 自分の見解に自信を有する/手順にそった仕事ができる 対象を客観視できる/自分の利益に敏感	通時的、巨視的にも現実を直視し、戦略を生み出す 異論を検討でき、チームや社会の利益に目が開く 自分を含めた状況の客観視ができる	統
洞察や要点把握力を発揮できる 個人的思い付きや創造性、先読み力,遊び心の発揮 ユニークな考え、選択肢を起草できる	洞察や要点把握力を現実の状況の中で活かす 組織や社会の目的のために創造性・革新性を活用できる 効果性・実用性の高い案を提案できる	
自分の価値観と感性に基づく行動をとれる 同情できる/配慮できる 自説との葛藤に直面しつつ他者意見に対応	他者の価値観と感性に敏感/精神的安定感 感情移入できる/思いやりを持つ/責任感を持つ 異論の存在を認める/考えのすり合わせや協働ができる	合
自分の論理を持ち、合理的思考を展開する 会話で論理的展開をリードできる 理論性、合理性、計画性、体系性、緻密性	現実のニーズを意識する/相手の立場に自分を置いて考える 全体の効率・成果を睨み、異論や背理的な要素を検討する 十 通時性、全体性、調和性、倫理性、バランス性	

とで、センサーはさらに高いレベルの機能を発揮することができます。同様に、インチュイッションの（Ⅲ）に含まれている効果性や実用性は、センサーが重視していることです。自分だけの発想から一歩踏み出し、それに組織や社会の立場から実際性や実用性を考える態度を付け加えることによって、インチュイターは組織内や社会での貢献力を拡大できます。フィーリングの（Ⅲ）にある、異論を認めながら、意見を擦り合わせる態度はシンキングを含めた他の心理的機能との融合につながります。このような言動を積極的に発揮することで、フィーラーは組織の内部で、融合の促進者としての役割を果たすことができます。そして、シンキングの（Ⅲ）にある背理的な要素を排除しない態度は、フィーラーやインチュイターとの融合につながっていきます。単に狭い視野で見た完全性や合理性、正確性だけでなく、全体効率や全体成果の実現のために、人間の持つ背理的な要素についても理解しようとすることで、シンカーはより調和性のある意思決定ができるようになります。このように、表５は、私たちが各心理的機能を発達させればさせるほど、個性化の過程をよりスムーズに前進させることができることを暗示しています。

表5. メタ・スケール・チャート（1）

メタ化が遅れている

（Ⅰ）

センセーション 知覚	現実（事物・他者）を見ない・避ける・見落とす 根拠のない強い確信を有する／手順に沿うことを嫌う 状況の客観視が不得意／視点と思考が飛躍する
インチュイッション 直観	洞察が苦手／隠された重要点の把握ができない 創造性を発揮できない／先を読んで挑戦できない 具体性のないものに対する拒否感／暗い予感に支配される
フィーリング 感情	価値観を持たない／信頼できない／強い自己愛 他者に対する無関心 ／他者を障害物として見る／情動の暴走 自分の見解に対する執着心／意思決定の棚上げ
シンキング 思考	論理的なアプローチや手順を踏むことを嫌う 会話の流れや展開に配慮なく、唐突な意見を開陳する 見解に体系立てが不足／その場の雰囲気に流される

メタ化の推進は、一人で推し進めることができると思われますが、他者とのかかわりの中で進めることによって、その効率を高めることができます。一つのアプローチは、自分が伸ばしたいと思っている心理的機能を得意にしている人と協働することです。これは、特定の仕事に自分とは違った心理的主要機能を持つ人と共にかかわるアプローチです。協働の経験を通じて、今までとは違った意思決定の経験を持つと共に、相手の見方や考え方からヒントを得て、その要素を自分の心理的機能に付け加えることができます。なぜ自分と違った考え方をしたのかを本人に直接聞いてみることもできます。これは違った心理的機能を持つ人の真似をすることが目的ではなく、彼らの持つ心理的機能の要素から何かを学び取り、合一を促進することを目的としています。

また、通常の部下の仕事への対応や権限を委譲する機会を活用することができます。部下たちを観察したり、報告を受けたりする機会に学習できるのです。自分の得意とする心理的機能から一方的にコメントをすることを避け、彼らが実行したことを、理由を含めて良く理解する態度を持つわけです。このように心掛けると、部下を頭ごなしに否定する態度はなくなります。相手の行動の理解を基礎にして指導ができるわけで、相手の行動を一度しっかり深く理解する態度は、あなたの心理的機能の成熟に役立つと共に、あなたの指導力や部下に対する影響力を高めることにつながっていくのです。

自我性を強めたまま人生を渡ることは、トータルとしての心理的機能の活用の意味でも、影響力の行使の上でも、限界を生み出します。私たちは、日ごろから、自分の視点を少しでも高く持つことを意識すべきだと言えます。高い視点を持つだけで、私たちは自らの言動を進化させる可能性があります。このようにメタ化を進めた機能は、自我性を克服した機能とも言えます。そして、個性化の実現をスムーズなものに変えていきます。

心理的機能の補償作用

メタ・スケール・チャートは、実は四つの心理的機能に関する補償作用を深く理解するためのツールともなりますので、もう少し、このチャートについて説明を加えましょう。（I）の部分は、それぞれの心理的機能で、発達が遅れている場合の姿を示しています。参考までにいくつか例を見てみますと、フィーリングの（I）に「情動の暴走」が含まれています。これは決して感情が豊かな結果、暴走を生み出しているわけではありません。感情を意識的にコントロールできていない状態を表しているので、フィーリングの機能としては未分化な状態を表しています。また、インチュイッションの（I）に「暗い予感に支配される」とありますが、これは現在の姿に執着する精神が生み出す、変化に対する暗い予感です。インチュイッションが発達している人は、新たな、明るい可能性を見出す力を持っています。

ちなみに、この（I）に入っている要素は、対立している心理的機能を有する人が持ちがちな要素であり、かつ、ストレス下で補償作用として強いインパクトを受ける可能性のある要素が含まれていると解釈することができます。補償作用は、既に何回か紹介させていただいたように、生体の恒常性を維持する働きに似た作用でした。無意識の世界に追い込んでいる対立した要素が、意識の世界で働いている機能とのバランスを取ろうとするように、意識の世界に突発的に飛び出してくる現象です。しかし、心理的機能の補償作用の場合は、飛び出してくるものが発達の遅れた機能であり、私たちを逆に混乱させたり、悩ませたりすることになるわけです。本来、私たちを守るための恒常性の維持とは全く異なる帰結を私たちは経験することになります。補償作用として力動的に浮かび上がってくるものは人によって異なります。このリストの中の一部の要素か、関係する要素が重要な場面で意識に唐突に飛び出してくるのです。そして、それが私たちの問題行動を生み出すわけです。

（Ⅰ）に示された要素は何気ない要素ですが、中には、想像以上に大きな影響を私たちに与えている要素も含まれています。例えば、インチュイターの中には、仕事の重要な局面で「現実を避ける」というような、突き上げるような欲求が生まれ、その欲求に支配されてしまうことが起こりえます。また、センサーの中には、様々な局面で、最悪の事態ばかりを考えるような意識が内部から突き上げてきて、新しいことへのチャレンジやアイデアを全て封じ込めてしまうように働く可能性があります。フィーラーに支配された人の中には、手順を踏んで論理的なアプローチをすることを避けたい強い衝動に支配されたり、シンカーの中には、他者を障害物として見てしまいたくなる衝動を持つことも起こりえます。ともあれ、センサーの（Ｉ）にある要素は、主要機能か補助機能でインチュイターの人が補償作用で悩まされている可能性のある要素が含まれています。同じように、インチュイターの（Ｉ）にある要素は、主要機能か補助機能でセンサーの人が悩まされている可能性のある要素、フィーリングの（Ｉ）にある要素は、主要機能か補助機能でシンカーの人が悩まされている可能性のある要素、シンカーの（Ｉ）にある要素は、主要機能か補助機能でフィーラーの人が悩まされている可能性のある要素として見ていただくこともできます。この補償作用の力から解放される唯一の方法は、その心理的機能を成熟させることと言えます。私たちがその問題を意識化し、遅れた機能を分化させるために努力を傾ける以外に、この補償作用から解放される方法はないのです。

ユング理論で見た日本人の特性

ここで、このチャートを使って、日本人の特性を分析してみましょう。タイプ論の立場から日本人の特性を論じることは、学習を整理するための一つのケーススタディとしての意義の他に、別の分野で日本研究をしている人たちへの参考になる可能性があるので、ちょっと寄り道をしてみましょう。もちろん、ここでは、傾向を論じるだけであって、日本人には様々なタイプの人がいることは言うまでもありません。

まず、一つ言えることは、判断的機能に関しては、日本人には比較的フィーリングを発達させた人が多いということです。フィーリングの要素を発達させている国民性を持っていると表現した方が良いかもしれません。フィーリングに関しては、メタ化を進めて、（Ⅱ）レベルを超えて、（Ⅲ）の要素をある程度持った人がかなり多いのではないかと考えられます。もちろん完全に（Ⅲ）のレベルにある人はそれほど多くはないと推察されますが、このことが、日本の独特な文化の背景にあるように見受けられます。私たちが他者を揶揄するために良く使う言葉に「空気を読めない」という言葉があります。この言葉が存在する背景には、多くの日本人が「空気を読める」存在である可能性があります。空気を読むということは、ちょっとしたサインから相手の気持ちを読み取る力であり、これは（Ⅱ）レベルを超えた要素を持ったフィーラーの言動です。これを普通に期待している日本人は、かなりフィーリングの成熟度を高めていると言えましょう。似たような言葉で、「空気に流される」という表現があります。これも日本人の特徴と言われているものです。これは、その場で支配している感情や見解をつかみ、それに盲目的に同調していく言動です。別の面からみれば、主体的に論理や合理性、あるいはその他の価値観を使って自律的な判断をしていない人が日本人には多いことを意味します。忖度《そんたく》のし過ぎがビジネス・ミーティングでも起こる危険性を示しています。これはフィーリングの過剰使用の結果起こっている問題とも言えます。

もう一つ、このチャートを見てみると、多くの日本人が有する精神的安定感について、理解できるところもあります。大震災が起きても暴動を起こさないのは、フィーリングの成熟性がかなり重要な働きをしているおかげだと考えられます。フィーリングの成熟性が低い時は、情動の暴走が起こりますが、日本人はそのような人は比較的少なく、冷静に助け合いの行動をとれる人が多いのです。日本人は比較的進んだ教育システムから、シンキング機能の成熟性もかなり高めていると言えますが、強い内向性を持ちながら、フィーリング機能を高いレベルで発達させているユニークな民族になっているのだと思います。

続いて、認知的機能に関しては、平均的日本人は、センセーションを発達させた人がかなり多いと判断しています。すでに、日本語におけるオノマトペの積極的活用についてはセンサーの解説で論じさせていただきましたが、一つの現象や状況を音の感覚で捉える感性は、非常に洗練されたセンセーション機能の発達をうかがわせるものです。また、多くの日本人が、内向性やフィーリングの要素を比較的強く持つため、センサーと言っても、支配性の発揮はあまり起こさない傾向を持っていると言えます。むしろ、支配性はかなり抑えられており、どちらかと言えば、謙虚な態度が目立つことが多いわけです。それが日本社会の独特な環境を作り上げているとも言えます。センセーションは明らかに高度に発達し、様々な産業で活かされ、日本の強みとなっていることが判ります。その一方、内向性や特に発達したフィーリング機能の影響で、明確な主張性を持ったリーダーを輩出しにくい可能性があること、また、インチュイッションの活性化不足から、革新や変革へのチャレンジが不足する危険性があることに留意すべきと思われます。私は、自分自身や私の子供の学習経験を通じて、北米の教育の中で、インチュイッションを刺激する内容が豊富に含まれていることを確認していますが、日本の場合は、そのような要素の教育への導入を真剣に検討する必要があるように思われます。

一方、私の限られた仕事上の経験で出会ったドイツ人やアメリカ人、イギリス人、中国人は、いくつかの場面で、通常の日本人の合理的思考を超える、シャープな合理性を示していました。さらに、大学院時代のアメリカ人の友人や職場で出会ったアメリカ人上司は、日本人の平均的管理職には期待できないレベルの革新性、洞察力、そして何よりも、変化に対する積極的な態度を示していました。ともあれ、彼らからは、特にインチュイッションの分化レベルの違いを感じさせられたのです。日本人は明らかにドイツ人やアメリカ人、中国人などとは違ったタイプの特徴を持っています。これがチームの力を最大限に発揮したり、協働によって高い生産性を生みす要因になっている可能性があります。同時に戦略性の低さや主張性の低さ、忖度のし過ぎなどの弱点も持っているわけです。日本の組織では、言うべきことを言えない人を様々な場面で見出すことができます。また、フィーリングの強さから、錯覚とでも言えるような価値観、特に集合的錯覚に縛られる危険性があることも、私たちは意識しておく必要があります。私たちは、和の精神で他者に働きかける力を持っています。その基本姿勢を持ちながら、違った考え方をする他者と協働し、堂々と自分を主張していく態度を強めていく必要があると思われます。

＊＊＊

今まで、心理的機能について、皆様と共に探求してきました。ユングの示した対立する機能の組み合わせとしてトータルの心理的機能を捉えていくアプローチは、私たちに目から鱗が落ちるような認識を授けてくれます。同時に、対立する機能を持った能力の捉え方は、私たちに能力開発の難しさも教えてくれます。しかし、ユングは、その対立を解消し、四つの心理的機能を全て活性化させるモデルを提起しました。個性化のモデルです。私たちは、このような特性論に接する際、多くの場合、自分の属する特性を理解したり、他者の特性を理解したりすることを目的にする傾向があります。ところが、ユングが最終目的としたのは、そのような特性理解ではありませんでした。対立した心理的機能の合一が彼の設定した最終目的だったのです。私たちはむしろ、私たちの内部にセンサーもインチュイターもフィーラーもシンカーも存在するという感覚を持つことが重要なのです。一つの類型に自分を強く関係づけることはユングの目的とは全く違ったアプローチと言えます。特定の心理的機能との関係を強めることは、対立する機能の力を弱め、それによって、良く使われる心理的機能の暴走さえ生み出す可能性があります。そして、意識的に使われずに無意識の世界に放置した対立機能の補償作用に悩まされることになります。これらの現象が、管理職やリーダーの問題言動や意思決定上の問題を生み出すことにつながっていきます。

管理職やリーダーは、他者を通じて目標を達成するという難しい職務を持っています。このような人々は、その責任を効果的に果たすためにも個性化に真剣に立ち向かう必要があります。そのために、謙虚な気持ちを持つことが個性化実現の第一の条件となります。自分が発達させている機能に対する傲慢な自己肯定の態度を捨て、自分の中に、他の心理的機能を息づかせるための真摯な心がけと努力が必要となるのです。これは決して簡単なことではありません。私たちが生涯をかけて追求する個性化は、その謙虚な態度の獲得から始まるわけです。私たちが無意識の世界に取り残していた開発の遅れた太古的な機能を成長させ、意識の世界で有効に活用し、さらにすべての心理的機能の協働や合一を実現していくわけです。

ところで、今まで、管理職とかリーダーという高い総合力が必要な人を想定しながらこの四つの機能の活性化について、探求を進めてきました。しかし、この個性化は、一部の人々にとっては難しすぎる内容を持つものであることを皆さんに判って欲しいのです。中には、特定の機能を発達させようにも、いろいろな理由からそれができない方々が存在します。しかし、個性化の過程に足を踏み入れることができなくても、私たちは一人の個人として、意義のある人生を歩んでいけます。仕事については、管理職やリーダーという職務以外に、数多くの種類の仕事が存在します。ですから、全ての人に対して個性化の探求が求められるというわけではないのです。管理職やリーダーとなる人は、そのように、一部の心理的機能を分化させることができない人々が存在していることを認め、彼らを受け入れる心の広さが求められます。彼らを排除せず、彼らを積極的に、適所で適材として活かしていくマインドが管理職やリーダーに必要なのです。そのような人に対して、支援の精神や思いやりを持つことも大切だとも言えます。管理職やリーダー、そして経営組織には、そのレベルのことができることが求められているのではないでしょうか。

最後の章では、対人マネジメントにおいて、極めて重要な要素である「徳性」の要素と能力開発について、探求してみましょう。

第七章　徳性の向上と能力開発

カントの善意思とユングのタイプ論

ここで少し本題から離れてカント（Immanuel Kant　1724−1804）の能力に関する思索を振り返ってみたいと思います。私は遠い昔、一つの論文を書きながら、カントを少しばかり探求した経験がありました。そのため、ユングのタイプ論を表面的に学習していた時に、常に引っかかっていることがありました。このことについて、少し触れてみましょう。

カントは、その三批判書の最後の『判断力批判』で、人間の能力を比較的わかりやすく表現した「知・情・意」のモデルを提示しました。「知・情・意」のモデルは人間の心的能力をすっきりまとめ上げているため、「知・情・意」という表現だけは日本社会でも頻繁に使われるようになっています。ポイントになるカントの言葉を引用してみましょう。

およそ一切の心的能力は三通りの能力に還元され得る。そして一つの共通の根拠から導来され得る心的能力はこの三通りだけであって、それ以上はあり得ない。即ちそれは認識能力、

快・不快の感情、および欲求能力の三である。(1)

これについて詳しく論じることは大きすぎる脱線になりますので、簡単に触れたいと思いますが、「知」はここで「認識能力」として表現されているものです。言うまでもなくカントは認識の探求者であり、ここでいう「知」は彼が追及していた感性・悟性・理性によって構成されています。不完全であることを承知の上で、「感性」は認知力、「悟性」は理解力、「理性」は複数の理解や知情意を統一する高次な統合力とでも簡単に説明しておきます。ユングのタイプ論では、センセーション、インチュイッション、シンキングに関係する領域と言えます。「情」は感情の領域で、ここでは「快・不快の感情」として表現されています。これはユングのフィーリング機能と全く同じものではありませんが、強い関係を持った要素です。そして「意」はここでは「欲求能力」として表現されていますが、「道徳性」とか「善なる意思」を示しています。ここからすぐにお分かりになりますように、カントが示した能力の構造でユングの四者構成のタイプ論によって表面的にはカバーされていないものがあるのです……。それは「意」(善なる意思)の部分です。

カントは、どのように素晴らしい感性や悟性を持っても、善なる意思がなければ、それは決して正しいものにならないという考えを示していました。例えば、どんなに優れた科学技術を「知」の力で獲得しても、それが善なる意思によってバックアップされる必要があり、どのように豊かな「情」を持てたとしても、それが「意」(善なる意思)によってバックアップされる必要があるのです。さもなければ暴走をもたらしてしまうからです。この善なる意思は無条件に必要なもので、条件つきのものではありません。例えば、「部下から信頼されるために」とか、「同僚から感謝されるために」とか、「会社から評価されるために」とか、「他者から尊敬を受けるために」その善なる意思が必要というようなものでなく、無条件に必要とされる要素として位置付けられています。この知・情・意を調和させ、それらを理性によってコントロールしていく人間の在り方は、学問としてカントの理論を見ている人には説得力を持って迫ってきます。しかし、合理性に強い影響を受けたビジネスパーソンには意味が通じにくいものです。しかしながら、何人かのマネジメントの権威者は類似的要素の重要性をいろいろな形で論じています。ここではドラッカーの言葉を引用してみましょう。

誠実性(Integrity of character)は欺くことができないものであるから、一緒に働く人、特に部下達は、その人が誠実性(Integrity)を持った人かどうかを二～三週間の間に知ってしまうのです。彼らは、その人の能力不足や無知、自信の欠如や不作法さを許すことがあっても、誠実性の欠如だけは決して許すことがないのです。(2)

人のマネジメントに関する能力は学ぶことができます。管理体制、昇進制度、報奨制度を通じて、人材開発に有効な方策を講じることもできます。しかし、それだけでは十分ではありません。スキルの向上や仕事の理解では補うことのできない根本的な資質が必要なのです。それは誠実性（Integrity of character）です。(3)

ここで言う「誠実な品性」と「善なる意思」は同じものではありませんが、同じ範疇にある要素と言えます。誠実性は、善なる意思がなければ維持できないものだからです。この誠実性は、心理学的に言えば「感情移入を受ける条件」になるものです。すでに感情移入のところで書かせていただいたように、リーダーシップは感情移入を受けられなければ効果的には実現できません。そして感情移入を受けるためには、あなたが誠実な人間である必要があります。鼻持ちならないモラルの欠如や自己中心性を持つ人、言行不一致のある人に、自分の大切な一部を切り取り、移入しようと思う人はいないからです。一つの事実として、誠実性を持たない人は、他者から感情移入を受けられない結果、他者に対する影響力が低下します。結果的に、ポジションパワー、報酬、専門知識だけで人を動かそうとする傾向を示します。彼らにとって、人間を内発的に動機づけることは簡単なことではないのです。そのような人は、どんなに昇進を果たせても、一流の管理職、あるいはリーダーとしての経験を持つことなく終わってしまうことになります。この誠実性や徳性が有する意義は現場の管理職には理解できないことも多いのです。しかし、その重要性は、エゴイズム丸出しの身勝手な上司の下で、苦しみながら仕事をしている一般社員が一番よく知っています。彼らは逆に、徳性の高い上司が真剣に言っていることは、自分の考えに完全に合っていないことでも、自分の心に、前向きな気持ちを引き起こす力を持っていることを知っています。そして、兵士たちは、誠実な上官のためなら、命さえささげるのです。誠実性や徳性には極めて大きな影響力があり、マネジメント上でも経営上でも決定的に重要な要素になると言えます。

タイプ論の中の徳性

ちなみに、フロイトは超自我（自我を監視したり統制したりする道徳的機能）のモデルによって、この道徳性の問題に彼なりの答えを示しているのですが、ユングは、カントの示した「道徳性」をどのように捉えていたのでしょうか。

道教のタオ（道）について、第六章中の「意識と無意識の統合」の説明の中で少し触れさせていただきましたが、タオが示す統合について、ユングは次のように説明しています。

諸対立の間にある中道の概念をわれわれは中国にも道（タオ）という形で見出す。タオの意味するものは、道、方法、原理、自然力もしくは生命力、合法則的な自然の事象、世界の理念、あらゆる現象の原因、正しいこと、善、道徳的世界秩序である。(4)

この引用から、ユングは合一の状態のイメージ自体の中に道徳性を発見していた可能性が見出せるのです。

また、ユングは彼の著書の中で「道徳的」という言葉を直接に何回となく使っています。その多くは倫理的な意味合い、あるいは「与えられた役割に忠実であること」というような意味合いで用いられています。しかし、個性化の条件としてこの言葉が使われている部分を見出すことができます。対立するものに対する疑念や苛立ちを捨て、受け入れるような精神です。つまり、エゴイズムとそれがもたらす自己肯定感に支配されないあり方を示して道徳性という言葉が使われています。ユングは、彼の共著『アイオーン』の中で次のように指摘しています。

影は自我人格の全体を挑発する道徳的問題である。なぜなら、少なからざる道徳的な判断力がないと、影を認めることはできないからである。影を認めるということは、なんといっても個人の人格の暗い面が厳然として実在しているのを承認することに他ならない。(5)

つまり、自己認識を正しく行う段階で道徳性が必要になることを言っているわけです。

また、ユングは錬金術の融解（ソルティィオ）の工程についての説明の中で、異なった要素との合一と道徳との関係について書いています。ユング流の分かりにくい表現になっていいますが、ユングの言葉をそのまま引用してみましょう。

ドルネウスが錬金術のソルティオ〔溶解：引用者注〕をまず何よりも精神的・道徳的なものとして理解していること、そして物質的現象としてのソルティオが副次的なものに過ぎないことは一目瞭然である。錬金術作業の第一部は、疑念や葛藤の心的「溶解」（ソルティオ）であり、それは、神の認識なしにはありえない自己認識によって招来される。この精神的・道徳的溶解は「錬金術的結婚」、すなわち内的な、心的な一化であって、この一化のなかから類化作用と魔術的照応によって、敵対する諸元素の一なるラピス〔賢者の石：引用者注〕への融和が生ずるのだと見なされなければならない。(6)

彼の言葉を換言すると、その作業は、対立する要素に対して向けられる疑念や葛藤を道徳的精神によって融解し、合一を実現していくものであり、そのカギを握っているのが神のような自己中心性のない自己認識であるということです。実は、ユングは、ドルネウスが彼の弟子たちに道徳的心理状態を持つことを要求していたことも指摘しています。

このユングの記述は私に一つのイメージを思い起こさせます。それはモノコルスという画像です。ユングは『結合の神秘』の中で、モノコルスと呼ばれる奇妙な絵を幾つか紹介し、その謂れを紹介しています（図10）。

一本足同士の王様がにこやかな表情で合体し、お互いの足を共有し合っているのです。権威ある王が他の王と合体するということは考えにくいことですが、相手を理解し、尊重できるようになり、お互いが不足している物を補い合うことができることを見出したら、そのような奇跡が生まれる可能性があるわけです。体を共有するということは、感情移入以上の経験であり、相手が本当に道徳的で誠実な倫理的な存在でなければモノコルスは実現しないと思われます。心理的機能に関しても、私達が道徳性を持ち、自己中心的なエゴイズムを捨て去り、不足しているものを自己認知し、対立する機能を理解し尊重できるようになった時、モノコルスの奇跡が生まれる可能性があるのです。モノコルスの王様の表情からそのような徳性が読み取れます。ただし、このモノコルスに至る前には、大きな対立や葛藤が存在していたのかも知れません。ある時、二人の王は目が

図 10. モノコルス

（『結合の神秘』人文書院、池田紘一 訳、第6章）

開き、体を分かち合った可能性があります。このように考えた時、ユングのモデルには道徳性の要素が入り込んでいたことが分かります。第二段階に入る前に、それぞれの心理的機能が客観性を高め、道徳性を身に着けていることが前提となっていることがわかるのです。

素晴らしいパートナーとして、尊敬できる異質の人間を選ぶという発想は、この合一の概念に極めて近いものと言えます。ちなみに、私の友人の多くは、自身の影となっている心理的機能を主要機能としている人と結婚しています。お互いに自分とは全く異質な部分を発見しながらも、それをおおらかに受け止め合っている関係が生まれています。人間は本能的にモノコルスを求めている可能性があります。

いずれにせよ、ユングの四者構成のモデルには、明示されていないものの、道徳性や倫理性、誠実性の概念が確実に溶け込んでいるわけです。このような形で個性化を進めた人たちは、徳性を持つと共に、調和性を持った、落ち着いた人格を有していることが考えられます。

能力のアセスメントとタイプ論

どのような組織で仕事をしていても、各個人は特定の能力を意識し、その能力開発を効果的に実現することが求められています。これを実現するために、自分の能力を納得いく形で知ることが前提になります。ユングのタイプ論をこのような形で学習してくると、ユングの示したタイプと職務能力の関係がどのようになっているかを追及したくなるかもしれません。ユングのタイプ論は、基本的な心理的機能を扱っているので、職務能力との関係を見出すことは不可能ではありません。しかし、心理的機能を構成するパイの大きさ、活性化の内容は人によって様々ですから、単純に心理的タイプから能力をアセスメントすることはできないのです。一つ一つのスタイルの中に多様性があるのです。従って、ユングのタイプ論を基に能力開発目標を設定しても、あまり意味のあるものにはなりません。例えば、「私はフィーラーだから、能力開発目標はシンキングの向上だ」というのはあまりに短絡的でかつ曖昧なのです。場合によっては、その人は能力自体のパイが小さく、主要機能のフィーラーの強化によって、最も効果的に総合的価値を高めることができる可能性もあります。また、その人は、センセーションやインチュイッションの部分にこそ開発すべき要素があるかも知れません。また、能力のパイが大きく、フィーラーでありながら、シンカーもかなりのレベルまで発達させた人も存在するわけです。タイプ論は自己啓発の指針を得るために、大いに参考になるはずです。しかし、効果的な自己啓発のためには、自分自身の言動を内省し、自分が高めようとしている能力を具体的な言動ベースの行動の記述で明確化させることが肝要です。能力開発目標は、求められる具体的言動を記述することによって、初めて効果性を高めることができるのです。これについては後ほど例を示します。

他者の能力アセスメントとタイプ論

ユングのタイプ論は心理的機能に焦点を当てて開発された理論であるため、先ほど言及した通り、職務能力との関係をある程度見出すことができます。その一方で、その人が有する四つの心理的機能の発達レベル、分化レベルはそれぞれ異なっていますから、そのタイプが持つイメージを根拠に他者をアセスメントしてしまうのは極めて危険なことと言えます。米国の前大統領バラック・オバマは「外向性フィーラー／インチュイター」と判定されることがあります。主要機能がフィーリング、補助機能がインチュイッション、そして影になっている要素がシンキングと言うわけです。しかし、彼の能力のパイはかなり大きく、シンキングの占める割合が小さくても、シンキング機能はかなり高いレベルで発揮されていたと言えます。少なくとも彼はシンキングに弱点を持っているとは言えません。シンカーの人の場合も、十分にフィーラーの機能を発達させた人もいます。フェイスブック創業者のマーク・ザッケンバーグは「内向性インチュイター／シンカー」として、主要機能がインチュイッション、補助機能がシンキングと評価されることがありますが、彼の言動を分析すれば、明らかにフィーリングも強いことが観察されます。私は彼がフィーリング機能を弱点にしているとは思えません。その意味で、ユングの特性検査の結果を単純に職務能力に結び付けたり、安易にアセスメントを実行したりすることはご法度と言えるのです。

実際のところ、ユングの特性理論をベースにこのような乱暴な方法でアセスメントすることは極めて簡単に実行できるのです。上司が、特定の部下の心理的タイプが生み出すイメージで部下の能力評価を実行してしまうと、イメージと評価項目との結合を根拠にしたものとなり、その評価は時間がどれほどたっても、あまり変化のないものになります。評価が変わらないということは、普遍性や信頼性を示しているのではなく、イメージとリンクさせているからなのです。結果的に、能力評価に一種の固定化が起こり、社内の人的資源の活用に、大きな間違いを生む強い可能性が出てきます。あるフィーラーの部下が、戦略論や意思決定を真剣に学習し、論理思考や多角思考、戦略性をどれだけ鍛えたとしても、その人のイメージが変わらない限り、能力の評価に変化は起こりません。例えば、その人のフィーラー的な柔らかいイメージから、「感受性」や「柔軟性」、「受容力」や「忍耐性」は高いが、「戦略性」や「分析力」、「挑戦力」や「決断力」は低いと決めつけられる可能性があります。また、このようなイメージによる評価は多くの人によって合意を得られる可能性があり、不合理な説得力を持つことが考えられます。それが危険なのです。

近年、このイメージ評価が評定誤差の重要な要素として強調されるようになってきました。評定誤差には「ハロー効果」や「中心化傾向」など重要な要素がありますが、私はこのイメージによる誤差が最も深刻な誤差であると考えています。評定誤差を説明する際は、このイメージ評価を大きな問題として強調すべきなのです。このような観点から、ユングのタイプ論が、浅はかな誤用、つまりイメージ評価に利用されてしまう可能性を深く憂慮しています。社内での考課を含め、ありとあらゆる評価に際して、このようなイメージによる評価をしないように心がけるべきだと言えます。このような安易なアセスメント方法はお遊びの世界の活動です。もし、他者をアセスメントする必要がある場合は、イメージによらず、どこまでも言動をベースに、ある程度の期間、言動を確認しつつアセスメントを行うべきと言えましょう。

能力開発の目標設定

能力開発は、主体的に自分を見つめ、主体的に向上のテーマを見出してアクションをとることが極めて重要になります。主体性を持ったセルフマネジメントは職務遂行だけでなく、能力開発についても重要になるのです。その理由は、人は能力開発という難しいテーマに、主体的態度を持たずに立ち向かうことなどできないからです。実際のところ、能力開発について、人からいろいろアドバイスを受けても、効果が上がらないことが多いのです。ですから、管理職の皆さんは、部下の能力開発に関わる場合は、部下の主体性を喚起するようなアプローチで目標の設定にかかわっていただくことが重要なのです。ここでは、多くの会社が行っている能力開発とは違った、心理的機能に焦点を当てたアプローチが紹介されますが、あなたの働いている会社でも活用できる要素が部分的にあれば、それを社内でも活用していただければと思います。

次頁に示した表6は、私が属している会社の中にあるユングを研究しているチームとマネジメントを研究しているチームが協働で作り上げたチャートです。心理的機能を発達させた結果得られる可能性のある職務能力を示したものです。

この表は、自分の特定の心理的機能を補強することによって、どのような職務能力を伸ばすことができるかを見出すことができるツールであるため、あなたの個性化のチャレンジの動機付けにつながる可能性があります。また、会社で期待されている職務能力を発揮するために、どの心理的機能の強化が役に立つかを知ることができます。これは、あくまで能力開発目標を設定する際に使っていただくために作られた参考資料です。

ここでは、表層的な職務遂行力ではなく、その背景にある心理的機能に焦点を当てて、その向上の方法を紹介したいと思います。すでにメタ化の説明の部分で、能力の開発についての重要な情報を提供させていただいていますので、具体的に、どのようにそれを実現していったら良いのかをご紹介します。能力開発に関しては、次の四つのターゲットが存在します。これを明確に意識しておくと、自分のことだけでなく、部下の指導にも役に立つはずです。

第一のターゲットは、発達の遅れている機能の活性化やメタ化の推進です。**第二のターゲット**は発達の遅れた機能がもたらす補償作用の制御です。**第三のターゲット**は意識の世界で活用している主要機能や補助機能のメタ化の推進です。そして、最後の**第四のターゲット**は、

表6. 発達できる可能性のある職務能力

センセーション（知覚）	インチュイッション（直観）	シンキング（思考）	フィーリング（感情）						
●				職務達成力	統制力	現状把握力	事務管理力	自己管理力	決断力
	●			率先力	先見性	要点把握能力	推理力	発案力	リスクテーキング
		●		計画力	問題分析力	構成力	計数観念力	整理力	慎重性
			●	感受性	判断力	安定性	受容力	柔軟性	持続力
	●	●		開発力	企画力	発明力			
	●		●	ネットワーク力	発案力	交流力			
●		●		高い事務管理力	高い統制管理力	問題発見力			
●			●	忍耐力	部下育成力	責任感			
●	●	●		戦略力	抽象力	問題解決力			
●	●		●	高い交流力	対人対応力	チーム形成力			
●		●	●	説得力	対面影響力	交渉力			
	●	●	●	ビジョン構築力	高い開発力	高い発案力			
●	●	●	●	リーダーシップ	組織計画運営力	高い説得力	高い交渉力	高い戦略力	高い対人対応力

●　：発達させている機能

意識の世界で活用している主要機能の暴走の制御です。これら四つのターゲットに対して、ご自身で判断される特に重要な要素から少しずつ取り組むことが大切になります。

本書の中で、ハラスメントのメカニズムを理解するだけでも効果があること、あるいは、影の部分を見つめることができるだけでも効果があることを書かせていただきました。問題点の認知や、問題言動の起こるメカニズムを理解することは非常に重要なことで、実際、それだけでも効果を生み出す人がいることは事実です。ですから、本書の第二章から第五章を繰り返し読み込むだけでもかなりの改善が生まれると思います。しかし、それだけでは問題言動に変化を与えることができない方々もおられるのです。実際のところ、このような自分の深い部分に関わる行動が長期間にわたって固着しているケースでは、簡単にはいかないのです。そのような方々の場合は、特定の心理的機能の活性や制御に関わる具体的な行動目標を深い内省を持って設定する必要があります。心理的機能に直接働きかける方法として、元型に語り掛ける方法をすでに紹介しましたが、これも効果のある方法ですので、特に自分が大きな問題を抱えている時はぜひ利用していただければと思います。

ここでは、特定の心理的機能によって生み出される問題言動に対して、内省的に取り組むパターンを紹介しましょう。この手法を使う場合、一度にチャレンジする問題言動は多すぎると機能しませんので、期間を設定して、少しずつチャレンジすることをお勧めします。特定の能力の改善を目指すためには、最低でも一か月かけたほうが良いかと思います。強く固着化した習慣を修正するためには、三か月は必要になると考えてください。短期間で効果を出すためには、三日に一度は自分を真剣に内省する機会を持つことが必要です。大きな問題に対しては、一年かけても良いのです。具体的にどのような立て方をするかご紹介しましょう。

能力の開発は、その能力を使った言動を自分が生み出せるようになることを目標に置くことになります。その能力に関わる言動を使っているということは、その能力を発揮していることに他ならないからです。また、能力開発目標の設定に、真剣な内省を伴うことが重要になります。しかし、多くの問題言動は、各心理的機能の発達バランスの乱れから生じているものなのです。ですから、内省をする時は、あなた自身を責めることはやめてください。その代わり、自分の持つ心理的機能のバランスの乱れに焦点を当て、機能不全のメカニズムを認識することが必要になります。その問題言動を引き起こしているメカニズム、どのような原因で生じていたかについて、自分なりの分析や考えを示しておくことが重要なポイントとなります。つまり、ご自身の心理的機能の開発目標を作る際は、①その問題言動に関する内省、②自分の問題言動のメカニズムの分析、③開発したい能力を発揮する行動計画の三つの要素で構成させることが重要なポイントになります。逆に、自分が有している問題言動のメカニズムを明確にしない場合や内省が不十分な場合は、効果が出ないことを覚えておいてください。通常行われる、単なる行動計画だけでは機能しないのです。形式はどうでも結構です。自分なりの分析を含めた誠実な内省と具体性のある行動目標を組み合わせることで、効果的な能力開発目標が策定できるのです。しかも、それは必ず書き下ろされる必要があります。求められるのは、三つの要素を含めた、作文のような目標設定です。自分の分析と内省、そして行動計画が含まれているならどのようなものでも構いません。元型に話しかけるような要素をそこに付け加えてもかまいません。ここで、二つの例を示してみましょう。これは、私が指導した方が策定した能力開発目標に、一部だけ変更を加えたものです。参考までにご覧ください。

（例1）「私はインチュイッションが強いため、求められていることや重要なことを直視せず、先延ばしにする傾向がある。現実に求められる重要事項を無視して、新しいアイデアに突き上げるような関心が生まれ、そこにエネルギーを傾けすぎてしまう傾向さえある。現実を無視する衝動は開発の遅れたセンセーションの補償作用から生まれている可能性がある。考えてみれば、これによって、今まで多くの問題を経験してきたではないか。これからは、すべきことを明確にして、それにしっかりと対峙していこう。タスクリストと手帳にコミットして、自分をコントロールしていくようにしよう。とにかく、この三か月、すべてを新しい手帳に集約して、今まで続いていた、現実回避的な性質を完全になくすことを目指そう。特に、面倒なことを、早めに片づける習慣を持とう。」

（例２）「私は、センセーションとシンキングが突出しており、フィーリングがうまく機能していないことが判った。特に、ストレスがかかった時に、その傾向が強まっている。今まで、感情に関わることをただ避けていた。緊張がかかった状態では、当然のように、関係者の心情を傷つけていた。これは、強すぎるセンセーションと発達の遅れたフィーリングの姿が出てきている可能性がある。今後、様々な関係者の立場や気持ちを考慮することに真剣にエネルギーを傾けたい。自分だけで対応しようとせず、同僚にも意見を求めていきたい。今まで、私はセンセーションの暴走から、支配的な態度で多くの部下を傷つけてきたと思うし、関係部署とも建設的な関係を築いていたとは言えない。協働する精神や相手を尊重する気持ちを持って関わっていきたい。部下の問題を見出した時は、まず話を聞くことにしたい。決めつけずに、会話をして、部下の気づきと自分自身の気づきを促そう。今まで、自分がすべてを判っていることを前提にした自分中心の指導が多かった。これからは部下の主体性を大切にしたい。毎日、自分の行動を振り返ることにする。」

この目標設定について、もう一つ大切なことがあります。それは、皆様が普段お使いの手帳の中に、あなたの内省と行動目標を書き込んで、いつでも参照できるようにしておくことです。一年に一度、新しい手帳を購入した際、その中の２〜３ページをあなたの能力開発のために確保するように心がけてください。一つの目標が達成できた段階で、また新しい目標をその達成した目標の下に書き足します。一年間で、少ない人でも、二つは目標をつくることになります。多くの場合、四〜五個程度になっているようです。この能力開発目標を書く部分は、間違いなく、あなたの手帳の中で最も重要な部分になるはずです。それと共に、あなたが持つ手帳は、あなたが能力開発目標を書きこんだ段階で、その存在意義を大きく高めることになります。そして、このように自分を内省し、行動計画を持つことによって、あなたの人間としての価値が確実に高まっていくことになります。

最後に、皆さんが部下の能力開発に取り組む時の重要なポイントを紹介します。上記のような心理的機能に関係する能力開発目標は、会社の持つ書式にははまりにくいため、口頭で指導することが多くなる可能性があります。その際、部下に言い聞かせたり、教え諭したりするような態度で行っても効果はありません。話し合い、部下に気づきを与え、部下に自分の能力開発に関する意識を主体的に構築する機会を与えることが大切です。

また、このような心理的機能以外の専門知識や技術的スキルなどの習得については、弱みを解消する目標だけでなく、強みをさらに強化する目標を入れ込むことが必要です。欠点をカバーすることだけに力点を置いていた能力開発から、強みの拡大にも焦点を置く能力開発へと移行することは、能力開発の分野に大きな変化をもたらします。それぞれの個人は、より強い目的意識を持ち、キャリアプランニングを促進するだけでなく、自分を理解してくれている上司を持つことでコミットメントを高めていきます。本人の有する強みは、本人にとって極めて重要なことであるにも関わらず、ほとんどの場合、上司や会社が全く気付いていない現実があります。これは、極めて大きな問題です。ほとんどの上司は、部下の欠点を明確に知っていますが、強みについては無知蒙昧としているのです。強みについても能力開発目標を立てさせることは、上司にとっては、人的資源の活用力が高まる効果があります。部下にとっては、上司が自分の強みについて認識してくれて、さらにそれを伸ばすために関わってくれるという有難い経験になります。その上司に対する信頼感は確実に増大します。結果として、その部下から生み出されるエネルギーの総量も確実に増大することになります。人間は、能力を強化することに喜びを持つ動物と言えます。管理職やリーダーにとっては、部下を育成することは、人生の最大の達成の一つとして見なすことができることを忘れないようにしましょう。そして、それは、社会に対する意義のある、極めて大きな貢献と見なすことができるものなのです。

あとがき

ドイツ語について、ユングの原書を読み解くほどの力量が無い人間がユングについての書籍を上梓することは、本当におこがましい話と言えます。とはいえ、私は現代の人間社会の重要なプレイングフィールドであるビジネスの世界を通じて、ユング心理学を探求し、解釈をし続けてきた経験を持っているため、多くの心理学の先生方とは違った角度でユングを見つめることができている可能性があります。それが本書をあらわす最大の動機だったのです。ユングの提示したものがどれほどマネジメントの中で有効な資産として活用できるかを多くの管理職やリーダーの皆さんに紹介したかったわけです。

このようにして本書を書き終えた今は、何よりも難解なユングの著作に取り組まれ、立派な翻訳をされた諸先生方に心から敬意を表したいと思います。注に示させていただいた先生方のお名前をここに改めて記すことはありませんが、一人ひとりの先生に心から御礼を言いたいと思っています。

今回、私には気遣いすべき先生や学会などを持たないので、特定の先生の意に沿うことを全く考慮せず、自由に書き進めることができました。用語なども、一般の読者に受け入れられやすい表現に思い切って変えています。心理的タイプや機能の名称も、習慣的な漢字表記よりも、英語での表現をそのままカタカナで示すほうが、現代の読者にははるかに親しみが持てると判断しました。ユングの思索をベースに各心理的機能の発達に関するメタチャートなど、新たな要素を付け加えたものもあります。また、各タイプの説明も、ビジネスにおける現実的状況を睨んで、かなり自由に書かせていただきました。このような自由度は、ある意味では私のような人間の持つ特権だったとも言えます。ただ、ユングに対する敬意を持ち続けながら、できる限りユングから離れずにいようとしている私の態度は読者の皆様に気が付いていただけたと思います。

ここで、ユング心理学がマネジメントに関わる要素についてもう一度振り返ってみたいと思います。実は多くの管理職やリーダーの問題行動の多くは無意識的に起こっていることが分かっています。しかし、そのメカニズムは、今までマネジメント教育の中で明確に示されてきませんでした。多くのマネジメント上の機能不全に関して、そのメカニズムを探求することに関心が向けられていなかったからです。ユングは一般状況における問題ある言動について探求していますが、それをマネジメントの世界に投影することはそれほど難しいことではありません。コンプレックスや補償作用、無意識の世界に置き去りにした分化の遅れた心理的機能等、無意識に関係している多くの要素が、多くのマネジメント上の機能不全を引き起こしていることが分かります。また、多くのマネジメント上の良き慣習やスキルは、無意識の世界に焦点を当てるとその真の意義が浮かび上がってくるのです。現実的なマネジメント上の問題行動を見つめたとき、無意識の世界を無視することは、極めて大きな損失になることがわかります。マネジメント教育の中で、今後、無意識の世界にスポットライトが当てられる機会が増えることを期待してやみません。

心理的タイプに関しては、自己の問題を認知し、向上に結び付ける大きなきっかけを私たちにもたらしてくれます。ユングは、私たちが全体性を追求する気持を持って努力することにより、「個性化の過程」を歩むことができることを示してくれました。そのための重要なポイントの一つが自分の持っている心理的態度や自分が主に活用している心理的機能を一度自分自身から切り離すことだと言えます。これは錬金術師達が材料の純化を求めて繰り返し加熱や蒸留を行った行為とつながる部分です。自分と強い結びつきを持っている要素を一度自分から切り離して純化しておくことがとても重要なのです。そして、全ての要素を客観的に認識したうえで、高い誠実性を持って合一につなげていくわけです。それを実現するためには、自己中心性を捨て去った、謙虚な態度、モノコルスのマインドセットが必要です。このような過程を経て、私たちは心理的機能の高いバランスを獲得すると共に、無意識の世界に置き去りにした、発達の遅れた機能のネガティブな影響力からも自由になることができます。さらに、人格を高め、影響力（リーダーシップ）も増大することができるようになるのです。

ユングのタイプ論を契機として、数多くの類似した四者構成の特性理論が派生してきました。このようにして生まれた特性理論は、ユング理論とは違った理論体系を持ちながらも、分類的には、ユングの理論と似た内容を持つに至っています。そのような理論体系のほとんどでは、類型ばかりに目を向けがちになり、自己類型の固定認識を促進している面がありま す。ユングに代わって一言添えさせていただければ、自己イメージを固定化させないよう留意が必要です。ユングの四者構成理論は、人間の成長を考えた時、ひと際まぶしく光を放っていると言えます。

皆さまが、自分自身に強く表れた特性をご自身から一度切り離すという錬金術から得た知恵を活かすことからスタートし、個性化への道、そして成熟への道を悠々と歩んで行かれる姿が見えます。それは、自我に支配された人間ではなく、自己（セルフ）を持った存在が宇宙と一体になろうとしている姿でもあります。本書が、読者の皆様がゆったりとした気持ちを持って自分自身にチャレンジし、個性化の過程に足を踏み入れ、さらに個性化の成熟を深めて行かれるきっかけになれば、これほどうれしいことはありません。

二〇一七年十月

注

第一章　無意識の世界

(1) C.G. ユング、『分析心理学』1953、小川捷之 訳、みすず書房、1976、レクチュアⅠ、
(2) C.G. ユング、『転移の心理学』、林道義、磯上恵子訳、みすず書房、総論、
(3) C.G. ユング、『心理学について』1933、『こころの構造』、日本教文社に掲載、江野専次郎訳、1955、Ⅱ、
(4) C.G. ユング、『分析心理学』、1953、小川捷之 訳、みすず書房、1976、レクチュアⅡ
(5) C.G. ユング、『心理学的類型 Ⅱ』、人文書院、高橋義孝、森川俊夫、佐藤正樹訳、第6章、
(6) C.G. ユング、『分析心理学』、1953、小川捷之 訳、1976、レクチュアⅢ
(7) C.G. ユング、全集第13巻、『ユング そのイメージとことば、C.G. Jung: Bild Und Wort』に掲載、ニエラ・ヤッフェ 編、1977、氏原寛 訳、誠信書房、1995、からの引用
(8) C.G. ユング、他、『人間と象徴』、河出書房新社、河合隼雄監訳、上　第Ⅰ章
(9) C.G. ユング、『心理学的類型 Ⅱ』、人文書院、高橋義孝、森川俊夫、佐藤正樹訳、第11章、
(10) Peter F. Drucker、『現代の経営』、Management: Task, Responsibilities, Practices, 1954, Chapter 27
(11) バーバラ・ハナー、Barbara Hannah、『評伝ユング』Jung; His Life and Work, 1962, 人文書院、後藤佳珠、鳥山平三訳、1987、第7章
(12) C.G. ユング、『結合の神秘 Ⅱ』、人文書院、池田紘一訳、第6章
(13) C.G. ユング、『ユング自伝』 河合隼雄、藤縄昭、出井淑子訳　みすず書房、2、第7章、
(14) C.G. ユング、『個性化とマンダラ』、林道義訳、みすず書房、第5章
(15) C.G. ユング、『心理学的類型 Ⅱ』、人文書院、高橋義孝、森川俊夫、佐藤正樹訳、第11章、

(16) C.G. ユング、『元型論』、集合的意識の諸元型について、1954、林道義 訳、紀伊国屋書店、1999 第Ⅱ章
(17) R.ヴェルヘルム 独訳、C.G. ユング，『黄金の華の秘密』 ユングの序文、人文書院、1980、83頁、湯浅泰雄・定方昭夫訳

第二章 内向性と外向性

(1) C.G. ユング、『心理学的類型 Ⅱ』、人文書院、高橋義孝、森川俊夫、佐藤正樹訳、第6章
(2) C.G. ユング、『心理学的類型 Ⅱ』、人文書院、高橋義孝、森川俊夫、佐藤正樹訳、第6章、
(3) Peter F. Drucker、『マネジメント』Management: Task, Responsibilities, Practices, 1974, Chapter 2
(4) Peter F. Drucker、『経営者の条件』The Effective Executive, 1967, Chapter 3
(5) C.G. ユング、『心理的類型 Ⅱ』、人文書院、高橋義孝、森川俊夫、佐藤正樹訳、第9章、
(6) Peter F. Drucker、『マネジメント』Management: Task, Responsibilities, Practices,1974, Chapter 36
(7) Brian R. Little, 〝Who Are You Really?〟 Simon & Schuster Inc., 2017, Chapter 4
(8) C.G. ユング、『心理学的類型 Ⅱ』、人文書院、高橋義孝、森川俊夫、佐藤正樹訳、第10章、
(9) Peter F. Drucker、『マネジメント』、Management: Task, Responsibilities, Practices,1974, Chapter 36
(10) Peter F. Drucker、『未来企業』 Managing for the Future, 1992, Chapter 15

第三章 四者構成の心理的機能モデル

(1) C.G. ユング、M.L. フォン・フランツ、『アイオーン』、1951、人文書院、野田倬 訳、1990、14章、

（2）C.G. ユング、『結合の神秘 I』、人文書院、池田紘一 訳、第1章
（3）C.G. ユング、『心理学的類型 II』、人文書院、高橋義孝、森川俊夫、佐藤正樹訳、第10章、
（4）河合隼雄、『ユング心理学入門』、培風館、1967、第3章
（5）Anthony Stevens、『ユング Jung』、1994, 日本語版講談社 1995 鈴木 晶訳、第4章

第四章　認知的機能について

（1）C.G. ユング、『心理学的類型 II』、人文書院、高橋義孝、森川俊夫、佐藤正樹訳、第10章、
（2）C.G. ユング、『心理学的類型 II』、人文書院、高橋義孝、森川俊夫、佐藤正樹訳、第10章、
（3）C.G. ユング、『心理学的類型 II』、人文書院、高橋義孝、森川俊夫、佐藤正樹訳、第10章
（4）C.G. ユング、『心理学的類型 II』、人文書院、高橋義孝、森川俊夫、佐藤正樹訳、第10章
（5）財団法人　鉄道総合技術研究所、指差呼称の効果確認調査、1994年

第五章　判断的機能について

（1）C.G. ユング、『分析心理学』、小川捷之 訳、みすず書房、1976、ディスカッションI
（2）C.G. ユング、『心理学的類型 II』、人文書院、高橋義孝、森川俊夫、佐藤正樹訳、第11章、
（3）C.G. ユング、『心理学的類型 II』、人文書院、高橋義孝、森川俊夫、佐藤正樹訳、第11章、
（4）C.G. ユング、『心理学的類型 II』、人文書院、高橋義孝、森川俊夫、佐藤正樹訳、第7章、
（5）C.G. ユング、『心理学的類型 II』、人文書院、高橋義孝、森川俊夫、佐藤正樹訳、第7章、
（6）C.G. ユング、『心理学的類型 II』、人文書院、高橋義孝、森川俊夫、佐藤正樹訳、第7章、
（7）C.G. ユング、他、『人間と象徴』上、河出書房新社、河合隼雄監訳、第1章、

第六章　個性化と個性化の過程

（1）Emma Jung and Toni Wolff,『回想のユング C.G. Jung』、創元社、1982, 藤瀬恭子 訳, 1988
（2）河合隼雄、『ユングの生涯』、第三文明社、1978、第12章、
（3）C.G. ユング、『心理学的類型 Ⅱ』、人文書院、高橋義孝、森川俊雄、佐藤正樹 訳、人文書院、1987、第11章、
（4）C.G. ユング、『心理学的類型 Ⅱ』、人文書院、高橋義孝、森川俊夫、佐藤正樹訳、第11章、
（5）C.G. ユング、『自我と無意識との諸関係』、1928,『自我と無意識』に掲載、第三文明社、松代洋一、渡辺学 訳、1995、第Ⅱ部　第1章
（6）C.G. ユング、『結合の神秘 Ⅱ』、人文書院、池田紘一 訳、第6章、
（7）C.G. ユング、『結合の神秘 Ⅰ』、人文書院、池田紘一 訳、第1章、
（8）『C.G. ユング, An Illustrated Biography of C.G. Jung』 Gerhard Wehr, 1989、安田一郎 訳、青土社、1996,
（9）C.G. ユング、『結合の神秘 Ⅱ』、人文書院、池田紘一 訳、第6章、
（10）C.G. ユング、『パラケルスス論』、精神現象としてのパラケルスス、1941、みすず書房、榎本真吉 訳、1992
（11）C.G. ユング、『結合の神秘 Ⅱ』、人文書院、池田紘一 訳、第6章、
（12）C.G. ユング、『結合の神秘 Ⅱ』、人文書院、池田紘一 訳、第6章、
（13）Cherry Gilchrist,『錬金術　心を変える科学』 The Elements of Alchemy、1991、桃井緑美子 訳、河出書房新社、1996,
（14）C.G. ユング、『結合の神秘 Ⅱ』、人文書院、池田紘一 訳、第6章、
（15）C.G. ユング、『結合の神秘 Ⅱ』、人文書院、池田紘一 訳、第6章、
（16）C.G. ユング、『結合の神秘 Ⅱ』、人文書院、池田紘一 訳、第6章、

(17) C.G. ユング、『結合の神秘 Ⅱ』、人文書院、池田紘一 訳、第6章、
(18) C.G. ユング、『結合の神秘 Ⅱ』、人文書院、池田紘一 訳、第5章、
(19) C.G. ユング、『結合の神秘 Ⅱ』、人文書院、池田紘一 訳、第6章、
(20) マタイによる福音書10章16節
(21) C.G. ユング、『赤の書 The Red Book』、創元社 河合俊雄 監訳、V(V)、
(22) C.G. ユング、『転移の心理学』、1946、林道義、磯上恵子 訳、みすず書房、1994、総論、
(23) リヒアルト・ヴェルヘルム、C.G. ユング 『黄金の華の秘密』 独訳 ヨーロッパ読者のためのユングの注解、湯浅泰雄、定方昭夫 訳、人文書院、1980、序文
(24) C.G. ユング、『ヨーガと西洋』、1936、『現在と未来』に収録、松代洋一訳、1996年、平凡社、
(25) C.G. ユング、『現代人のたましい』、1928年、日本教文社、高橋義孝、江原専次郎 訳、1955、

第七章　徳性の向上と能力開発

(1) I. カント、『判断力批判』、岩波書店、篠田英雄 訳,1964、上 序論Ⅲ
(2) Peter F. Drucker、『現代の経営』 The Practice of Management,1954, Chapter 13
(3) Peter F. Drucker、『マネジメント』 Management: Task, Responsibilities, Practices,1973, Chapter 31
(4) C.G. ユング、『心理学的類型 Ⅰ』、人文書院、佐藤正樹 訳、第5章、
(5) C.G. ユング、M.L. フォン・フランツ、『アイオーン』、1951、人文書院、野田倬 訳、1990、2章、
(6) C.G. ユング、『結合の神秘 Ⅱ』、人文書院、池田紘一訳、第4章、

■著者プロフィール

八木優市朗（やぎ ゆういちろう）

マネジメント・コンサルタント。米系のトレーニング・コンサルティング各社で、エグゼクティブ・ディレクター（取締役）、トレーニング開発部マネジャー、マネジメント・コンサルタントを歴任。一般会社では、米系コンサルティング会社、米系自動車会社、米系保険会社、米系ハイテクガラスメーカー等で人事部長、トレーニング部長、人材開発マネジャー等を歴任。専門分野はマネジメント、能力開発。

ユングのタイプ論については、数多くのマネジメントの現場に接しつつ、二〇年以上にわたって研究をし続け、ユングの理論とマネジメントを融合するための理想的な経験を積み上げてきた。また、三〇以上のトレーニングを開発してきたトレーニング開発者でもある。ユング理論やドラッカーをベースにしたリーダーシップコンサルティング、管理者向けトレーニングには定評がある。

米ウエスタン・ワシントン大学 経営管理学部修士課程卒（一九九〇）。

現在、コア・コンセプト・ラボラトリー・ジャパン LLC, パートナー・コンサルタント。

https://www.ccl.japan.com/

ユングが教えてくれたリーダーシップと人格の高め方

2018年1月5日　第1刷発行

発行所　㈲コスモス・ライブラリー
発行者　大野純一
〒113-0033　東京都文京区本郷3-23-5　ハイシティ本郷204
電話：03-3813-8726　Fax：03-5684-8705
郵便振替：00110-1-112214
E-mail：kosmos-aeon@tcn-catv.ne.jp
http://www.kosmos-lby.com/
装幀　瀬川　潔
発売所　㈱星雲社
〒112-0012　東京都文京区水道1-3-30
電話：03-3868-3275　Fax：03-3868-6588
印刷／製本　シナノ印刷㈱
ISBN978-4-434-24216-8 C0011
定価はカバー等に表示してあります。

アルバート・クラインヒーダー著／青木聡訳

『病いとこころ――からだの症状と対話する』

すべての病気には、こころの動きが伴っている。ユング派の心理療法家である著者は、さまざまな病気に苦しんだ経験や心理療法の事例から、症状の背景にある元型的な物語を見抜き、そのイメージの中に深く入っていくことを提唱する。自己の全体性を目指す能動的想像（アクティブ・イマジネーション）の実際。

〈1200円＋税〉

ユング派心理療法家　トマス・ムーア序文／心理占星術研究家　鏡リュウジ解説／臨床心理士　青木聡序文翻訳

『ヨブ記』

「神よ、私が何をしたというのですか？」生きる不条理に聖書はどのような答えを出したか。

『失われた心　生かされる心 Care of the Soul』『ソウルメイト Soul Mates』により全米で爆発的な「魂ブーム」を巻き起こしたユング派心理療法家トマス・ムーアが、『ヨブ記』の謎に迫り、それを人生における苦悩の役割について考えさせるものと捉え、みずからの体験に照らし合わせながらその現代的意義を読み解く。また、イギリスの心理学的占星術を日本に紹介し、従来の「占い」のイメージを一新した気鋭の心理占星術研究家鏡リュウジが、ユングの『ヨブへの答え』などに触れながら、聖書中のこの不思議な物語を現代人にとって決定的な意味を持つものとして提示する。

〈1400円＋税〉

アーノルド・ミンデル著／青木聡訳／藤見幸雄監訳・解説

『シャーマンズボディ――心身の健康・人間関係・コミュニティを変容させる新しいシャーマニズム』

ユング・カスタネダからミンデルへ！

プロセス指向心理学の創始者ミンデルは、アフリカ、日本、インドでのシャーマニズム体験から学んだ〝シャーマンズボディ〟（または〝ドリーミングボディ〟）の意義と重要性に様々な角度から迫り、われわれがそれと結びつくことが健康や精神的な成長、良い関係や深い共同体感覚をもたらすと言う。そこで、一般の人々がシャーマンズボディに結びつくための実際的な方法と、夢や身体の問題に対処するための具体的な方法としてのインナーワークを、「エクササイズ」として提示。さらにこうしたワークや新しいシャーマニズムが現在の世界にどのような影響を持つかを、国際紛争解決のための「ワールドワーク」などに言及しつつ、わかりやすく解説している。待望の名著の完訳！

〈2100円＋税〉

アーノルド・ミンデル著／青木聡訳／富士見幸雄監訳・解説
『大地の心理学――心ある道を生きるアウェアネス』
ドン・ファン、ファインマン、老子の教えに学ぶ。私たちの人生を導いている不可思議な力は何だろうか？　これが本書執筆の動機となった問いである。何が私たちをある日はある方向へ、そして次の日は別の方向へと動かしているのだろうか？　それは偶然だろうか？　それは心理学、物理学、それともシャーマニズムだろうか？　世界の外的な出来事、あるいは宇宙の秩序だろうか？

この問いに答えるため、プロセス指向心理学の創始者ミンデルは物理学、心理学、そして大地に根差した先住民の世界観やシャーマニズムに関する個人的体験からさまざまな考え方を自由に取り入れて、「道の自覚」というまったく新しい重要な概念を定義、探求、摘用していく。待望の最新著の完訳！

〈２３００円＋税〉


エイミー・ミンデル著／佐藤和子訳／諸富祥彦監訳・解説
『メタスキル――心理療法の鍵を握るセラピストの姿勢』
〝メタスキル〟とは、すべてのカウンセリング／心理療法の根底にあり、あらゆる学派を超えて、セラピーの成否の鍵を握る〝何か〟である。今、注目されつつあるプロセス指向心理学の創始者アーノルド・ミンデルのパートナーである著者が、豊富な事例によりプロセス指向心理学の実際を史上初めて公にし、〝メタスキル〟の視点から検討する。

〈２０００円＋税〉


ゲアリー・リース著／田所真生子訳／明治大学教授　諸富祥彦監訳・解説
『自己変容から世界変容へ――プロセスワークによる地域変革の試み』
草の根から世界変容へ……。内的成長が社会変革に結びつく。社会変容のファシリテーターになるために。本書は、ガチンコ勝負が得意なプロセスワーカー、ゲアリー・リースによる地域臨床のリアルファイトの記録である。

『紛争の心理学』の著者アーノルド・ミンデルが創始したプロセス指向心理学をベースに、暴力、ドラッグ、無気……地域が抱えるさまざまな問題に取り組んだ成果がわかりやすく示されている。

〈２２００円＋税〉

ヒューマン・ギルド代表　岩井俊憲著
『アドラー心理学によるカウンセリング・マインドの育て方――人はだれに心をひらくのか』
現在静かなブームとなっているアドラー心理学をベースに、カウンセリングの専門家でない人も、すでに学んでいる人も現場で実際に生かせるよう、図版を用いてわかりやすく「簡易カウンセリング」のノウハウを紹介。本書はとりわけ、バブル崩壊後、生産性向上の名の下に失われていた「ビジネスマンの尊厳」を回復することを新しい世紀に向けての企業社会の新たな目標に掲げ、そのためにカウンセリングの理論や技法を適用することをめざしている。
〈1600円＋税〉

ヒューマン・ギルド代表　岩井俊憲著

『失意の時こそ勇気を――心の雨の日の過ごし方』

無理せず、あせらず、そして勇気をもって失意の時（心の雨の日）を乗り切るための知恵

人生で逆風が吹いている時（陰の時）には、その「陰のメッセージ」を読み取ることが必要である。著者は、自らの人生を振り返りつつ、失意の時（心の雨の日）を過ごすための五つの知恵を提示している。
■人生の晴れの日、雨の日■心の雨の日を過ごした人たち■二毛作の人生を生きる■心の雨の日を過ごす五つの知恵■真の楽観主義、そして勇気を
〈1500円＋税〉

明治大学教授　カウンセラー　諸富祥彦著

『カール・ロジャーズ入門――自分が〝自分〟になるということ』

「カウンセリングの神様」カール・ロジャーズ。自分が〝自分〟になるとは、私が「これが私だ」と実感できる〝私〟になるとは、どのようなことか。「抑圧家族」で育てられたアダルト・チルドレン、ロジャーズの人生そのものが、自分が自分自身になるというカウンセリングの本質的テーマをめぐって展開されていた。「人間・ロジャーズ」に焦点を当て、その生涯と思想形成の歩みを解明すると共に、そこから生み出された理論と実践のエッセンスを分かりやすく説いた格好の入門書。
〈2400円＋税〉

デイヴ・メァーンズ著／岡村達也＋林幸子＋上嶋洋一＋山科聖加留訳／諸富祥彦監訳・解説

『パーソンセンタード・カウンセリングの実際――ロジャーズのアプローチの新たな展開』

カール・ロジャーズが創始したパーソンセンタード・カウンセリング。欧米におけるその最新の発展の成果と磨き抜かれた臨床実践の実際をわかりやすくまとめたもの。〈主な内容〉治療条件を拡げる／カウンセラーの成長／治療同盟／治療過程／パーソンセンタード精神病理学／イギリスにおけるロジャーズ派カウンセリングに学ぶ（諸富）
〈1700円＋税〉

ブライアン・ソーン著／岡村達也＋林幸子＋上嶋洋一＋三國牧子訳／諸富祥彦監訳

『カール・ロジャーズ』

「カウンセリングの神様」カール・ロジャーズの生涯と理論、そのカウンセリングの実際まで、この一冊ですべてがわかる入門書。同時に、ロジャーズのカウンセリングにおけるスピリチュアルな側面にはじめて正面から光を当て、ロジャーズ・ルネッサンスを巻き起こす問題の書でもある。畠瀬稔氏のインタビューも掲載。カウンセリングを学ぶすべての人に捧げる必読の書！

〈1800円＋税〉

カール・ロジャーズ著／畠瀬稔監修／加藤久子・東口千津子共訳

〔英和対訳〕『ロジャーズのカウンセリング（個人セラピー）の実際』

進行中のセラピー（第17回目）の全実録。ロジャーズのカウンセリング面接ビデオ『Miss Mun』（撮影時期一九五三年—五五年頃）は、実際のセラピーの場面そのものをクライアントの諒解の下に収録したものとして貴重である。、その日本語版が作成されたのに合わせて、録音の内容を英和対訳でテキストとしてまとめた。ロジャーズの心理療法の核心が最もよく表現されているこのミス・マンとの面接は、多くのサイコセラピストやカウンセラーにとってきわめて有益な、パーソンセンタード・カウンセリング実習の最上のテキスト。

〈600円＋税〉

カール・ロジャーズ著／畠瀬稔監修／加藤久子・東口千津子共訳

〔英和対訳〕『これが私の真実なんだ——麻薬に関わった人たちのエンカウンター・グループ』

一九七〇年に原版が制作された Because That's My Way は麻薬に関わった人たちのエンカウンター・グループの記録映画で、名誉あるピーボディー賞を受賞した。この賞は、放送、記録フイルム、教育番組のすぐれた作品に授与される格式の高い賞で、放送界のピューリツアー賞といわれている。

一九六〇年代後半、アメリカではベトナム戦争反戦運動が高まり、ヒッピーや反体制派が広がる中で、若者たちによる麻薬の濫用が深刻な社会問題になっていた。そうした状況の中でピッツバーグの教育TV局の依頼に応じて、麻薬関係者のエンカウンター・グループが企画され、開催された。

ロジャーズが見事なファシリテーター役を果たしているこの映画を見ると、アルコール中毒者、犯罪者、少年院、刑務所、紛争事態、学級経営、生徒指導、組織運営のあり方などにもエンカウンター・グループ的なアプローチを広げてゆくことが十分に可能だと強く感じられる。その日本版が制作されたのに合わせて、スクリプトを英和対訳テキストとしてまとめたもの。

〈1000円＋税〉

パトリック・ライス著／畠瀬稔＋東口千津子訳

『鋼鉄のシャッター——北アイルランド紛争とエンカウンター・グループ』

ソンセンタード・セラピー■心理療法への実存的アプローチ■誠実な統合に向けて■補足：パーソンセンタード・アプローチ：カウンセリングとセラピーにおける位置づけ
〈2200円＋税〉

『ジェンドリン哲学入門――フォーカシングの根底にあるもの』

諸富祥彦・村里忠之・末武康弘 編著

フォーカシングの原点ジェンドリンの思想について、その全容を解き明かしたはじめての入門書。

心理臨床を支える現代思想の最前線！

■ジェンドリン哲学への小さなガイド■『体験過程と意味の創造』新装版の序文（一九九七）■『体験過程と意味の創造』について■ジェンドリンの現象学■現象学的概念か現象学的方法か――夢についてメダルト・ボスを批判して――」（一九七七）■ジェンドリンの倫理学――「過程価値」ないし「プロセス・エシックス（過程倫理学）」■身体―環境、暗在的含意と生起、進化そして行動――『プロセスモデル』第Ⅰ章〜Ⅵ章■『プロセスモデル』第Ⅶ章にみるジェンドリンの言語論■プロセスモデルのⅧ章について――フォーカシング＆TAEの真の用途■TAEとは何か？■体験過程論における自己同一性の問題■『プロセスモデル』用語集
〈2600円＋税〉

『学習する自由・第3版』

カール・ロジャーズ＋H・ジェローム・フライバーグ著／畠瀬稔＋村田進訳

ロジャーズの教育論・実践の発展的継承。最近『ロジャーズが語る自己実現の道』『ロジャーズを読む・改訂版』『ロジャーズ再考――カウンセリングの原点を探る』さらに『カール・ロジャーズ　静かなる革命』が相次いで刊行され、再評価の気運が高まっているカール・ロジャーズ。本書は、そのロジャーズの『創造への教育』および『新・創造への教育』のエッセンスを継承しつつ、アメリカにおけるその後の教育状況の変化を踏まえて、新たにヒューストン大学教育学教授ジェローム・フライバーグによって大幅に増補・改訂され、今日の教育状況の改善に資するようアップデートされて、*Freedom to Learn : Third Edition* として一九九四年に出版された待望の書の全訳。
〈3400円＋税〉

特定非営利活動法人 乳幼児親子支援研究機構
石井栄子・小山孝子著

『フォーカシング指向親向け講座――親子のためのホット講座』

子育てのイライラに巻き込まれず、ほっとしながらできる子育て、問題解決を急がないやり方はないのだろうか？

こうした悩みに応えるため、本書は〝フォーカシングマインド〟にもとづいた〝フォーカシング指向親向け講座〟についてわかりやすく

説明し、誰でもやさしくできる子育てを応援し、そのための多くのヒントを提供する。
〈1000円+税〉

マルタ・スタペルツ&エリック・フェルリーデ著／天羽和子監訳／矢野キエ、酒井久実代共訳

『子ども達とフォーカシング――学校・家庭での子ども達との豊かなコミュニケーション』

学校や家庭で子ども達と心の通う関係を作るためにフォーカシングを活用した、子ども達のからだの知恵を聴く具体例が満載！

欧米では社会の様々なニーズに応えるためにフォーカシングが活用されており、わが国でも学校現場や「いのちの電話」での対応に利用されるなど、着実にその活用範囲が広がりつつある。

本書では、長年にわたり児童心理療法士としてオランダで活躍してきた著者が、学校や家庭での子ども達とのコミュニケーションを促進するためにフォーカシングを活用するやり方を、豊富な具体例とともに詳しく説明している。
〈1900円+税〉

アン・ワイザー・コーネル著／大澤美枝子・日笠摩子共訳／諸富祥彦解説

『やさしいフォーカシング――自分でできるこころの処方』

フォーカシングは、からだの智恵に触れ、生活に前向きな変化を生み出すための、やさしくてしかも力強い技法。本書は、そのフォーカシングによる自己探索と自己発見の生きた技法を学ぶために、読者が自分で練習できるよう工夫された、待望の書。
〈1800円+税〉

アン・ワイザー・コーネル／バーバラ・マクギャバン著／大澤美枝子・上村英生訳

『フォーカシング・ニューマニュアル――フォーカシングを学ぶ人とコンパニオンのために』

フォーカシングとは、自分にやさしく連れ添って生きるための方法。本書は、そのトレーナーとして今、日本で最も人気のあるアン・ワイザー・コーネルが同僚のバーバラ・マクギャバンと共著で、二〇〇二年に開催された第14回フォーカシング国際会議」に合わせて書き下ろしたものの全訳で、フォーカシング体験に不可欠の知識を集大成し、「生涯にわたる気づきの技法」としてフォーカシングを学んでいる人々のプロセス全体をサポートすることを意図したものである。
〈2400円+税〉

東京女子大学文理学部助教授　近田輝行著

『フォーカシングで身につけるカウンセリングの基本――クライエント中心療法を本当に役立てるために』

フォーカシングの体験はカウンセラーの基本的態度を身につけるための近道。クライエント中心療法の理解に不可欠の「体験過程」に焦点を当て、ロジャーズ、ジェンドリンからインタラクティブ・フォーカシングまでやさしく解説。

〈主な内容〉カウンセリングをめぐって／ロジャーズからジェンドリンへ／体験過程をめぐって／フォーカシングの実際／フォーカシングのバリエーション／カウンセリングにおけるフォーカシングの活用

〈1600円+税〉

アン・ワイザー・コーネル著／バーバラ・マクギャバン寄稿／大澤美枝子訳

『すべてあるがままに――フォーカシング・ライフを生きる』

三十五年にわたりフォーカシングの研究・実践・普及に尽力してきたアン・ワイザー・コーネルが、最初から最後まで本書で伝えようとしていることは、究極の受容、究極のやさしさ、すべてにイエスと言うこと。本書では、セラピストやカウンセラー、その他援助職の方だけでなく、広く一般の方が、自分の問題に自分で取り組めるように、この究極の哲学を、ただ理論や態度として学ぶだけでなく、例を示しながら具体的にわかりやすく説明し、技法として実際に練習できるように工夫されている。

〈2400円+税〉

スクールカウンセラー　土江正司著

『こころの天気を感じてごらん――子どもと親と先生に贈るフォーカシングと「甘え」の本』

「感じ」の科学としてのフォーカシングに沿った、簡単で新しい、心の探検への誘い。

「今の心身の感じを天気に例えてみる。それを色えんぴつでさっと絵に描いてみる。学校の教室で行うわずか十五分の「心の天気描画法」によって、子どもたちは心と向き合う楽しさを発見できだろう。フォーカシング理論に基づいた作品の鑑賞法、コメント法により親や教師は子どもの気持ちが掴め、より良い関係を築けるようになるだろう。」（著者）

■第一部「心の天気」◎心を天気で表現することの意味◎フォーカシングについて◎心の天気を描画してみよう◎小学校での実践　◎研究と応用――心の天気から俳句作りにチャレンジ　■第二部「甘え論」◎心の天気はどのように晴れるのでしょうか◎自我　の働きと成長◎依存的甘え◎社会的甘え、異性間の甘え◎絶対的甘えと宗教◎甘え論のまとめと補足◎第三部「円座禅」◎円座　禅――フォーカシングと洞察話法のトレーニングのために――

（漫画多数掲載！）

〈1800円+税〉

キャンベル・パートン著／伊藤義美訳
『フォーカシング指向カウンセリング』
フォーカシングおよびフォーカシング指向カウンセリング／心理療法の理論と実践について、最新の知見を踏まえて簡潔、適確かつ包括的に紹介した画期的入門書。
統合を目指しているパーソンセンタード・アプローチ（PCA）諸派の最近の動向を視野に入れつつ、他学派へのフォーカシング指向カウンセリング／心理療法の幅広い応用可能性を示している。セルフ・ヘルプのためにフォーカシングの知識を深め、技能を高めたい一般の方にも最適。
■フォーカシング指向カウンセリングの起源■フォーカシング指向カウンセリングの中核■フォーカシング指向カウンセリングの記録■ジェンドリンの理論の概要■フォーカシング指向カウンセリングとセラピーの諸学派
〈1800円＋税〉

キャロライン・ブレイジャー著／藤田一照訳
『自己牢獄を超えて――仏教心理学入門』
「自己」は防衛のための「砦」に他ならない。それが「牢獄」となってわれわれの人生をさまざまに制限している。仏教の基本教義である五蘊や縁起を「自己＝牢獄」の生成プロセスとして詳細にとらえなおし、そこから脱していかに世界や他者に向かって開かれた生き方へと転換していくかを示す。理論篇と実践篇から成る、待望の仏教心理学の体系的教科書。
〈2500円＋税〉

帝京平成大学専任講師　向後善之著
『わかるカウンセリング――自己心理学をベースとした統合的カウンセリング』
アメリカのトランスパーソナル心理学の拠点の一つCIISで学んだ最新心理学・臨床心理学に基づき、コフートの自己心理学、精神分析、トランスパーソナル心理学などについて、レベルは落とさず、しかも極限までわかりやすく説いた入門書。カウンセリング初心者の方、最新臨床心理学を学びたい方に。
〈1800円＋税〉

帝京平成大学専任講師　向後善之著
『カウンセラーへの長い旅――四十歳からのアメリカ留学』
四十歳で脱サラ後、いかにしてカウンセラーになったのか？　技術屋として某石油会社に勤めていた著者は、学生時代から心理学に関心があり、いつか本格的に学びたいと思っていた。三十代前半に、あるアメリカ人セラピストに出会ったことがきっかけで、四十歳の時にアメリカに留学することを決意した。そして苦手だった英語・英会話をある程度習得した後、著者は、意を決して長年馴れ親しんだ会社を去り、アメリカへと旅立った。めざすはＣＩＩＳ（カリフォルニア統合学研究所）。アメリカでの四年間の留学日記である本書を読むと、カウンセリング心理学を中心とした学習の実際が手にとるようにわかる。〈１６００円＋税〉

山本次郎著

『カウンセリングの実技がわかる本 ◎ 上巻』

演習入門篇、進め方応用篇、フルコース案内篇から成る本書は、初心者カウンセラーの多くが求めていた実用書。カウンセラーの三つの基本的条件、ロールプレイ（初回面接の演習）の基礎、ミニ・カウンセリングの基礎知識など、実用的なヒントを満載。〈２５００円＋税〉

『カウンセリングの実技がわかる本 ◎ 下巻』

エゴグラムや、フォーカシングや、過去・現在・未来などの「助言篇」と、後期ロジャーズ派の「助言なし解決編」を、わかりやすく説明。従来のカウンセリングの学習にありがちな「木を見て森を見ず」的傾向に陥らないため、「木」の部分にあたる上巻に対して、下巻は「森」の部分としてまとめてあり、上下二巻を併せ読むことによってカウンセリングの全体を理解することができる。〈２５００円＋税〉

パメラ・Ｊ・バリー著／末武康弘監修／青葉里知子＋堀尾直美共訳

『「グロリアと三人のセラピスト」とともに生きて――娘による追想』

グロリアの〝その後〟についての貴重な証言

一九六五年にアメリカで公開された、史上初の心理療法のデモンストレーション映画「グロリアと三人のセラピスト」。これはアメリカのみならず世界各地で心理療法の教材映像として視聴されてきた有名な映画である。その内容は、当時のアメリカを代表する心理療法家、カール・ロジャーズ、フレデリック・パールズ、アルバート・エリスがひとりの女性の心理療法面接を行うというもので、そのクライアント役をつとめたのがグロリアという当時三十歳を少し過ぎた女性だった。この映画が公開されて以降、心理療法の映像資料は他にも多々制作されてきたが、現在に至るまで最も多くの人々に視聴され、内容についての分析や議論が数多く行われてきたと言われている。

本書は、グロリアの娘パメラが映画にまつわる母の思い出を綴るだけでなく、突然の病と死によって母が達成できなかった意志――映画撮影の経験とその後の彼女の人生や成長について真実を伝えること――を受け継ぎ、実現させるために書いた待望の書。〈１８００円＋税〉

「コスモス・ライブラリー」のめざすもの

古代ギリシャのピュタゴラス学派にとって〈コスモス Kosmos〉とは、現代人が思い浮かべるようなたんなる物理的宇宙（cosmos）ではなく、物質から心および神にまで至る存在の全領域が豊かに織り込まれた〈全体〉を意味していた。が、物質還元主義の科学とそれが生み出した技術と対応した産業主義の急速な発達とともに、もっぱら五官に隷属するものだけが重視され、人間のかけがえのない一半を形づくる精神界は悲惨なまでに忘却されようとしている。しかし、自然の無限の浄化力と無尽蔵の資源という、ありえない仮定の上に営まれてきた産業主義は、いま社会主義経済も自由主義経済もともに、当然ながら深刻な環境破壊と精神・心の荒廃というつけを負わされ、それを克服する本当の意味で「持続可能な」社会のビジョンを提示できぬまま、立ちすくんでいるかに見える。

環境問題だけをとっても、真の解決には、科学技術的な取組みだけではなく、それを内面から支える新たな環境倫理の確立が急務であり、それには、環境・自然と人間との深い一体感、環境を破壊することは自分自身を破壊することにほかならないことを、観念ではなく実感として把握しうる精神性、真の宗教性、さらに言えば〈霊性〉が不可欠である。が、そうした深い内面的変容は、これまでごく限られた宗教者、覚者、賢者たちにおいて実現されるにとどまり、また文化や宗教の枠に阻まれて、人類全体の進路を決める大きな潮流をなすには至っていない。

「コスモス・ライブラリー」の創設には、東西・新旧の知恵の書の紹介を通じて、失われた〈コスモス〉の自覚を回復したい、様々な英知の合流した大きな潮流の形成に寄与したいという切実な願いがこめられている。そのような思いの実現は、いうまでもなく心ある読者の幅広い支援なしにはありえない。来るべき世紀に向け、破壊と暗黒ではなく、英知と洞察と深い慈愛に満ちた世界が実現されることを願って、「コスモス・ライブラリー」は読者と共に歩み続けたい。